ΘΕΩΡΙΑ ΤΗΣ ΜΟΥΣΙΚΗΣ ΚΑΙ ΑΣΚΗΣΕΙΣ

Λευτέρης Παπαμαλλής

Λευτέρης Παπαμαλλής

ΠΕΡΙΕΧΟΜΕΝΑ

Λευτέρης Παπαμαλλής

ΠΡΟΛΟΓΟΣ

Το κεντρικό έναυσμα για την συγγραφή του συγκεκριμένου βιβλίου είναι η άποψη του συγγραφέα ότι η θεωρία της μουσικής δε διαχωρίζεται σε κλασική και μοντέρνα αλλά είναι μία και πρέπει ο μαθητής να την διδαχθεί ολόκληρη. Μετά την μελέτη της θεωρίας έρχεται ο διαχωρισμός στον τρόπο σύνθεσης, δηλαδή κλασική αρμονία και μοντέρνα αρμονία.

Το παρόν βιβλίο απευθύνεται σε όσους επιθυμούν να μάθουν μουσική, αλλά και σε αυτούς που θέλουν να κατανοήσουν βαθύτερα τι είναι αυτά που παίζουν-συνθέτουν και πως προκύπτουν και αιτιολογούνται.

Απευθύνεται επίσης σε καθηγητές μουσικής οι οποίοι χρειάζονται ένα συνοπτικό βιβλίο χωρίς παραλήψεις και με ασκήσεις που μπορούν να λύσουν οι μαθητές πάνω σε αυτό.

Το βιβλίο είναι δομημένο έτσι ώστε ξεκινώντας από τα βασικά να μπορεί κάποιος αρχάριος να το μελετήσει και μόνος του, αλλά και συνοπτικά γραμμένο όπως θα ήθελε ένας πιο προχωρημένος μαθητής χωρίς "περιττές" πληροφορίες που θα τον μπερδεύουν και δε θα του χρειαστούν.

Θα παρατηρήσετε ότι γίνονται ιστορικές, μυθολογικές και ετυμολογικές αναφορές ως ευχάριστο "διάλειμμα" από το μάθημα και τις ασκήσεις με σκοπό να κατανοήσει ο αναγνώστης την προέλευση ονομασιών και διαφόρων όρων που χρησιμοποιούμε συχνά στη μουσική και όχι μόνο και δε γνωρίζουμε πως και από που προέκυψαν.

Όλες οι ονομασίες, οι συμβολισμοί και οι συντομογραφίες αναφέρονται με τη διεθνή ονομασία τους έτσι ώστε ο μαθητής που θα σπουδάσει στο εξωτερικό, θα παρακολουθήσει κάποιο σεμινάριο ή θέλει να μελετήσει και κάποια ξενόγλωσσα βιβλία να μπορεί να κατανοεί ακριβώς όλους τους διεθνείς όρους της μουσικής.

Με σεβασμό στους καθηγητές και τους μαθητές, το βιβλίο αυτό παραδίδεται στα χέρια και την κρίση τους...

Λευτέρης Παπαμαλλής

Λευτέρης Παπαμαλλής

ΜΟΥΣΙΚΗ

Μουσική είναι η τέχνη που ασχολείται με τους ήχους με σκοπό να εκφράζει τις ιδέες, τα συναισθήματα του δημιουργού και να μεταφέρονται διά της ακοής στον ακροατή.

Η μουσική αποτελείται από τρία βασικά στοιχεία:

⚓ Ρυθμός: ταχύτητα που ακούγονται οι ήχοι-νότες

⚓ Μελωδία: νότες που ακούγονται η μία μετά την άλλη

⚓ Αρμονία: νότες που ακούγονται ταυτόχρονα

*Τις παραπάνω έννοιες θα τις εξηγήσουμε αναλυτικότερα παρακάτω.

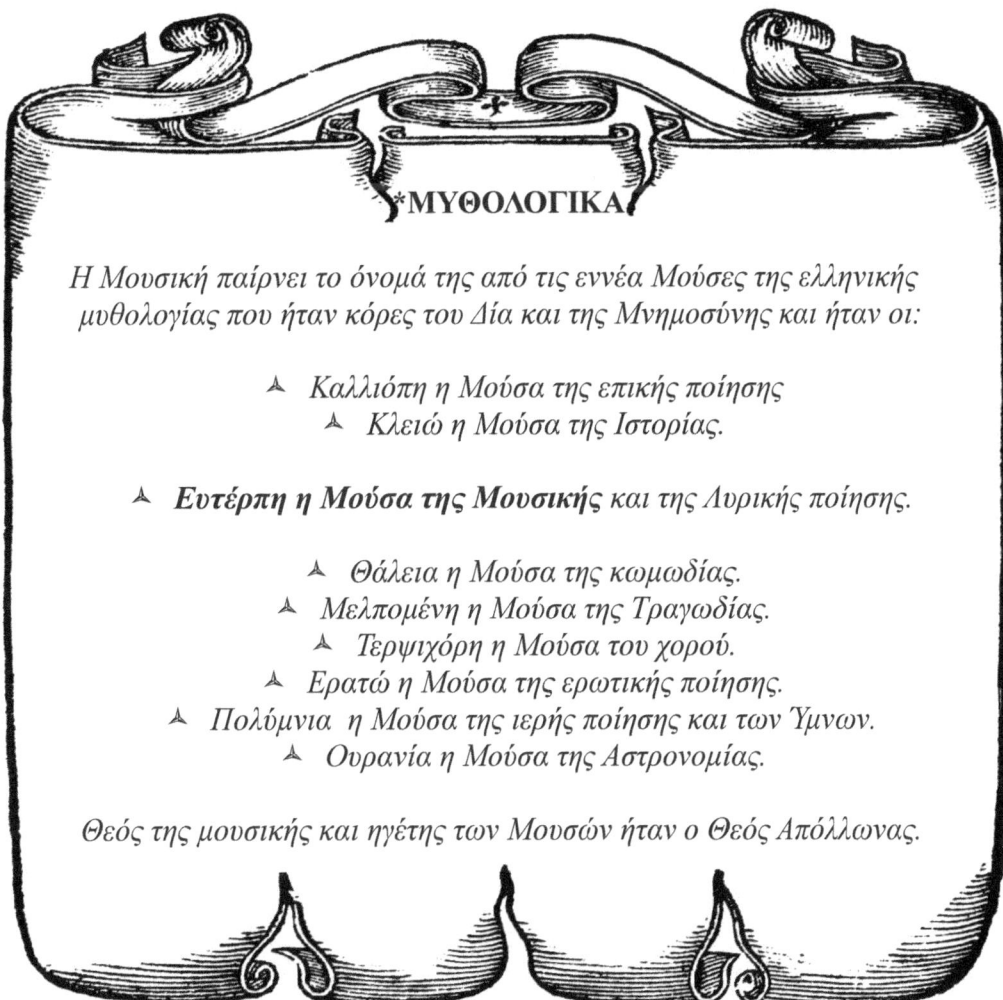

*ΜΥΘΟΛΟΓΙΚΑ

Η Μουσική παίρνει το όνομά της από τις εννέα Μούσες της ελληνικής μυθολογίας που ήταν κόρες του Δία και της Μνημοσύνης και ήταν οι:

 ⚓ *Καλλιόπη η Μούσα της επικής ποίησης*
 ⚓ *Κλειώ η Μούσα της Ιστορίας.*

⚓ **Ευτέρπη η Μούσα της Μουσικής** *και της Λυρικής ποίησης.*

 ⚓ *Θάλεια η Μούσα της κωμωδίας.*
 ⚓ *Μελπομένη η Μούσα της Τραγωδίας.*
 ⚓ *Τερψιχόρη η Μούσα του χορού.*
 ⚓ *Ερατώ η Μούσα της ερωτικής ποίησης.*
 ⚓ *Πολύμνια η Μούσα της ιερής ποίησης και των Ύμνων.*
 ⚓ *Ουρανία η Μούσα της Αστρονομίας.*

Θεός της μουσικής και ηγέτης των Μουσών ήταν ο Θεός Απόλλωνας.

ΘΕΩΡΙΑ ΤΗΣ ΜΟΥΣΙΚΗΣ

Θεωρία της μουσικής είναι η μελέτη και γνώση κανόνων της μουσικής που έχουν καταγραφεί ανά τους αιώνες απ' την πρακτική εξέλιξη "σπουδαίων" μουσικών.

Φθόγγος-νότα: είναι ο ήχος που έχει καθορισμένο ύψος.
Θόρυβος: είναι ο ήχος που δεν έχει καθορισμένο (ευδιάκριτο) ύψος.
Φθογγόσημο: είναι το σχήμα με το οποίο συμβολίζεται ένας ήχος.

ΠΕΝΤΑΓΡΑΜΜΟ είναι πέντε οριζόντιες, παράλληλες γραμμές που ισαπέχουν μεταξύ τους και πάνω σ' αυτό γράφονται οι νότες.

ΔΙΑΣΤΗΜΑ είναι η απόσταση ανάμεσα σε δύο γραμμές.

ΔΙΑΣΤΟΛΕΣ είναι οι κάθετες γραμμές που χωρίζουν το πεντάγραμμο σε μέτρα.

ΜΕΤΡΟ είναι η απόσταση ανάμεσα σε δύο διαστολές.

ΔΙΠΛΗ ΔΙΑΣΤΟΛΗ είναι δύο κάθετες γραμμές που μας δείχνουν το τέλος του κομματιού ή ένα μέρος αυτού.

ΓΝΩΜΟΝΑΣ (Clef στα αγγλικά) ονομάζεται το σύμβολο που μπαίνει στην αρχή κάθε πενταγράμμου και δίνει το όνομά του στην νότα που βρίσκεται στη γραμμή απ' την οποία ξεκινάμε να σχηματίζουμε τον γνώμονα.

Εμείς θα χρησιμοποιήσουμε προς το παρόν τον γνώμονα Σολ .

Παρατηρούμε ότι ξεκινάμε να σχηματίζουμε τον γνώμονα απ τη **δεύτερη γραμμή**. Οπότε η νότα σε αυτή τη γραμμή θα ονομαστεί ΣΟΛ.

Οι νότες στη δυτική μουσική είναι επτά:

Ντο-Ρε-Μι-Φα-Σολ-Λα-Σι.

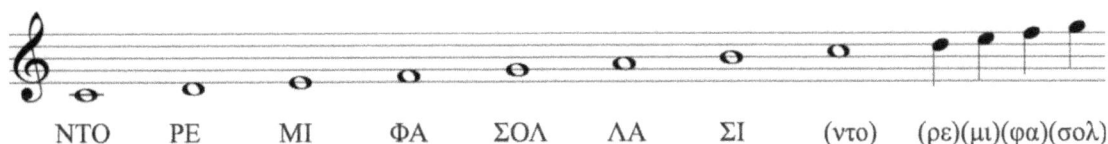

NTO   PE   MI   ΦA   ΣΟΛ   ΛA   ΣI   (ντο)   (ρε)(μι)(φα)(σολ)

Και διεθνώς συμβολίζονται
Ντο=C - Ρε=D - Μι=E - Φα=F - Σολ=G - Λα=A - Σι=B

Οι νότες στις γραμμές είναι: μι-σολ-σι-ρε-φα
Ενώ στα διαστήματα :   φα-λα-ντο-μι

*από κάτω προς τα πάνω πάντα.

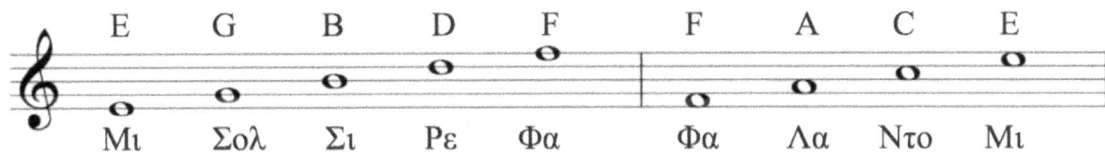

E   G   B   D   F   F   A   C   E
Μι Σολ Σι Ρε Φα   Φα Λα Ντο Μι

*ΙΣΤΟΡΙΚΑ

Ο Πυθαγόρας ήταν ο πρώτος που συσχέτισε τους επτά τότε γνωστούς πλανήτες με τις επτά νότες τις μουσικής.
Η χαμηλότερη ονομάστηκε Νήτη (από τη σελήνη που ήταν η κοντινότερη), Παρανήτη (Αφροδίτη), Παραμέση (Ερμής), Μέση, (Ήλιος), Λιχανός, (Άρης), Παρυπάτη (Δίας), Υπάτη, (Κρόνος).

Η σημερινή ονομασία των νοτών προέκυψε απ τον Ιταλό μοναχό Γκουίντο Ντ' Αρέτσο όπου χρησιμοποίησε τις πρώτες συλλαβές ενός λατινικού ύμνου για να ονοματίσει τις νότες.

Νήτη	*- Ντο*	*- Σελήνη*
Παρανήτη	*- Ρε*	*- Αφροδίτη*
Παραμέση	*- Μι*	*- Ερμής*
Μέση	*- Φα*	*- Ήλιος*
Λιχανός	*- Σολ*	*- Άρης*
Παρυπάτη	*- Λα*	*- Δίας*
Υπάτη	*- Σι*	*- Κρόνος*

Για να γράψουμε νότες πάνω και κάτω απ το πεντάγραμμο χρησιμοποιούμε **βοηθητικές γραμμές.**

Οι **βοηθητικές γραμμές** λειτουργούν σαν προέκταση των γραμμών του πενταγράμμου και απέχουν μεταξύ τους όσο και αυτές του πενταγράμμου.

Άλλοι γνώμονες είναι ο **γνώμονας του Φα** που ξεκινάει απ την τέταρτη γραμμή και χρησιμοποιείται για μπάσα όργανα και για το αριστερό χέρι στο πιάνο.

Γνώμονας του Φα.

Επίσης έχουμε τους **γνώμονες του Ντο**.

Όπου είναι ο γνώμονας Ντο 1^{ης} γραμμής, 2^{ης} ,3^{ης} ,4^{ης} ,5^{ης}.

Γνώμονες του Ντο χρησιμοποιούνται για όργανα όπως :Βιόλα, τσέλο,ευφώνιο, κτλ.

Και όλοι οι γνώμονες μαζί σε σχέση με το τονικό ύψος των οργάνων που τους χρησιμοποιούν.

Άσκηση

Να αναγνωριστούν και να γράφουν οι νότες στο κλειδί του Σολ

Να αναγνωριστούν και να γράφουν οι νότες στο κλειδί του Φα

ΑΞΙΕΣ

Αξία είναι η διάρκεια μιας νότας.

Οι αξίες είναι 7.

Το ολόκληρο	𝅝	που διαρκεί 4 χρόνους
το μισό	𝅗𝅥	= 2 χρόνους
το τέταρτο	♩	= 1 χρόνος
το όγδοο	♪	= μισός χρόνος
το δέκατο έκτο	𝅘𝅥𝅯	= μισό χρόνο από το όγδοο
το τριακοστό δεύτερο	𝅘𝅥𝅰	= μισό απ' το δέκατο έκτο
το εξηκοστό τέταρτο	𝅘𝅥𝅱	= μισό απ' το τριακοστό δεύτερο.

Η κάθε αξία δηλαδή είναι μισή απ' την προηγούμενη της.

Οι αξίες παίρνουν το όνομά τους απ' το πόσες φορές "χωράνε" μέσα στο ολόκληρο.

Για παράδειγμα το δέκατο έκτο ονομάζεται έτσι επειδή χωράνε 16 Δέκατα έκτα στο ολόκληρο, 32 τριακοστά δεύτερα, 64 εξηκοστά τέταρτα, 8 όγδοα, 4 τέταρτα, 2 μισά.

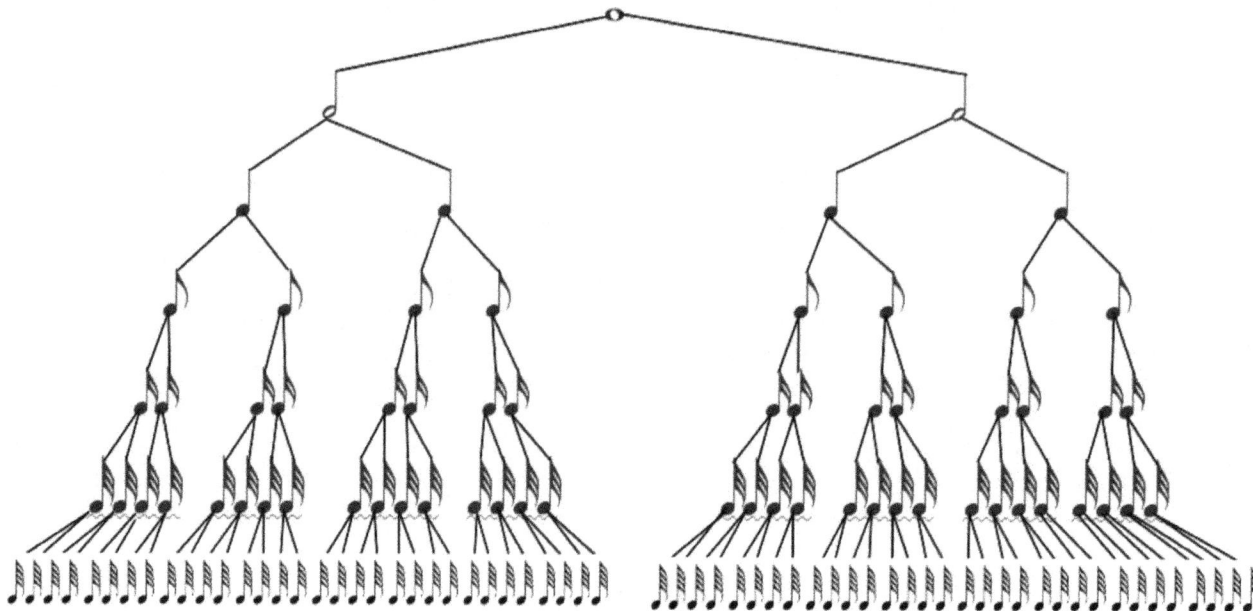

ΠΑΥΣΕΙΣ

Παύση ονομάζεται το σύμβολο που μας δείχνει τον χρόνο σιγής (τον χρόνο που σταματάμε να παίζουμε ή να τραγουδάμε).

Οι παύσεις είναι 7 και η κάθε μία αντιστοιχεί και σε μια αξία.

Άσκηση

Να γράψετε τις τις εξισώσεις των παρακάτω αξιών και παύσεων

o ; ♪ =   𝅗𝅥 ; ♫ =   o ; 𝅗𝅥 =   ♪ ; ♫ =

𝅘𝅥 ; ♫ =   o ; ♪ =   𝅘𝅥 ; ♪ =   𝅗𝅥 ; ♫ =

♪ ; 𝅘𝅥𝅯 =   𝅗𝅥 ; ♪ =   o ; 𝅘𝅥𝅯 =   𝅘𝅥 ; ♫ =

ΣΤΙΓΜΗ ΔΙΑΡΚΕΙΑΣ ονομάζεται η τελεία που μπαίνει δίπλα στη νότα και της προσθέτει το μισό της αξίας της. Η νότα αυτή λέγεται παρεστιγμένη ("παρά" τη στιγμή).

π.χ.

Ένα μισό έχει 2 χρόνους, η στιγμή θα του προσθέσει το μισό της αξίας του (1 χρόνο) οπότε: 2+1 = 3 χρόνους.

Ένα ολόκληρο έχει 4 χρόνους και η στιγμή θα του προσθέσει άλλους 2.

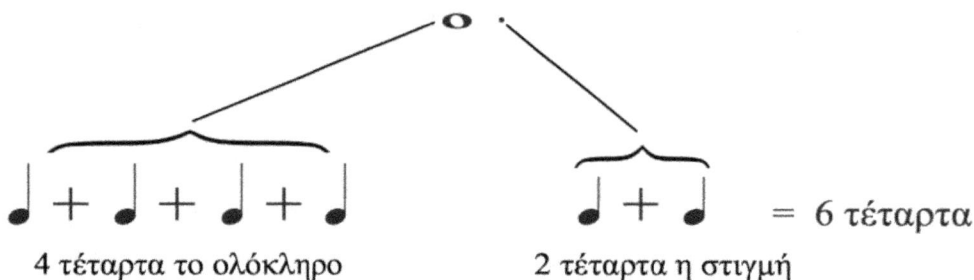

♩ + ♩ + ♩ + ♩   ♩ + ♩   = 6 τέταρτα

4 τέταρτα το ολόκληρο   2 τέταρτα η στιγμή

ΔΙΠΛΗ ΣΤΙΓΜΗ ΔΙΑΡΚΕΙΑΣ είναι η δεύτερη τελεία η οποία μπαίνει δίπλα στην πρώτη και προσθέτει στη νότα το μισό της αξίας της πρώτης στιγμής και η νότα λέγεται **δισπαρεστιγμένη.**

π.χ. Ένα μισό έχει 2 χρόνους,

Η πρώτη στιγμή θα του δώσει 1 χρόνο και η δεύτερη το μισό της πρώτης δηλαδή μισό χρόνο (ένα όγδοο) άρα 2+1+0.5= 3μιση χρόνους.

Και αν θέλουμε να το μετρήσουμε θα είναι "ένα", "δύο", "τρία", "τε-"

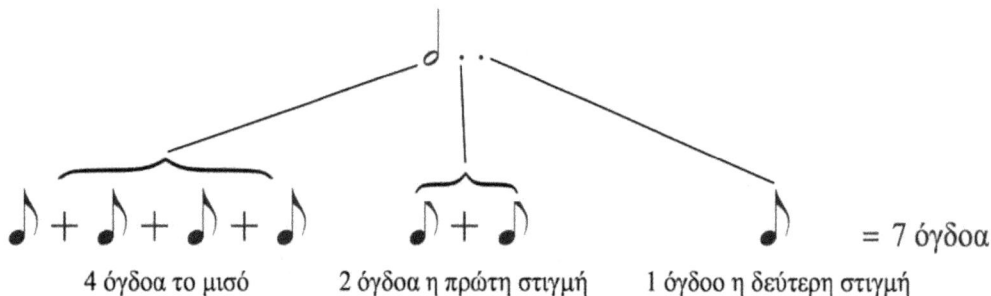

♪ + ♪ + ♪ + ♪   ♪ + ♪   ♪   = 7 όγδοα

4 όγδοα το μισό   2 όγδοα η πρώτη στιγμή   1 όγδοο η δεύτερη στιγμή

Άσκηση

Να γράψετε τις τις εξισώσεις των παρακάτω αξιών (παρεστιγμένα και δισπαρεστιγμένα)

o · ; ♩ =   o · ; ♪ =   o · ; ♪ =   o · ; ♪ =

♩ · ; ♪ =   ♩ · ; ♩ =   ♩ · ; ♪ =   ♩ · ; ♪ =

♩ · ; ♪ =   ♩ · ; ♪ =   ♩ · ; ♪ =   ♪ · ; ♪ =

o · ; ♩ =   o · ; ♪ =   o · ; ♪ =   ♩ · ; ♪ =

♩ · ; ♪ =   ♩ · ; ♪ =   ♩ · ; ♪ =   ♩ · ; ♪ =

ΤΡΙΗΧΑ (triplets)

Ονομάζονται τριάδες νοτών που έχουν από πάνω τους μια καμπύλη ή αγκύλη και την ένδειξη 3. **Η κάθε τριάδα έχει αξία ίση με ΔΥΟ νότες της ίδιας αξίας.**

π.χ. Τα τρίηχα ογδόων είναι ίσα με δύο όγδοα ή ένα τέταρτο.
Τα τρίηχα τετάρτων είναι ίσα με δύο τέταρτα ή ένα μισό κ.τ.λ.

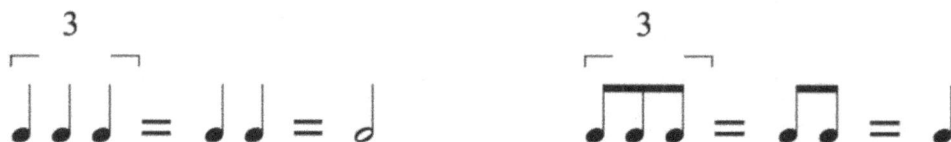

Για να μετρήσουμε τα τρίηχα τετάρτων που διαρκούν δύο χρόνους θα τα αναλύσουμε σε δύο τρίηχα ογδόων. π.χ.

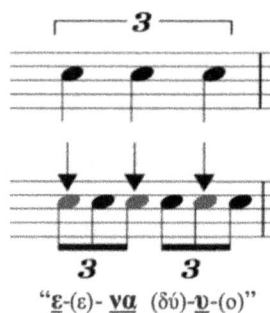

"ε-(ε)- **να** (δύ)-**υ**-(ο)"

ΕΞΑΗΧΑ

Τα εξάηχα είναι εξάδες νοτών που έχουν από πάνω τους μια καμπύλη ή αγκύλη και την ένδειξη 6. Η κάθε εξάδα είναι σαν δύο τρίηχα μαζί. Δηλαδή **έχει αξία ίση με ΤΕΣΣΕΡΙΣ νότες της ίδιας αξίας.**

Το μετράμε σαν δύο τρίηχα τετάρτων όπως μάθαμε παραπάνω.

Άσκηση

Να γράψετε τις τις εξισώσεις των παρακάτω αξιών

ΔΥΗΧΑ

Τα δύηχα είναι ζευγάρια νοτών που έχουν από πάνω τους μια καμπύλη ή αγκύλη και την ένδειξη 2.

Το κάθε ζευγάρι ισούται με ΔΥΟ παρεστιγμένα της ίδιας αξίας.

π.χ.

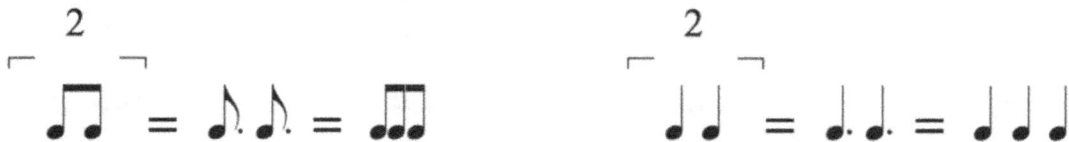

Ένα δύηχο τετάρτων το μετράμε:

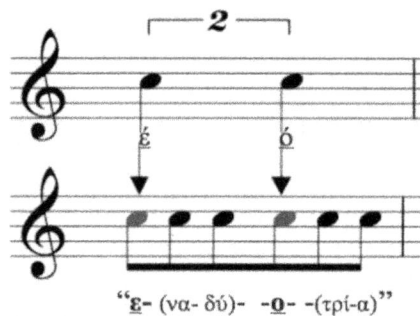

"ε- (να- δύ)- -ο- -(τρί-α)"

ΤΕΤΡΑΗΧΑ

Τα τετράηχα είναι τετράδες νοτών που έχουν από πάνω τους μια καμπύλη ή αγκύλη και την ένδειξη 4.

Η κάθε τετράδα ισούται με ΤΕΣΣΕΡΙΣ παρεστιγμένες νότες της ίδιας αξίας. (σαν δύο "κολλημένα" δύηχα).
π.χ.

π.χ.Τετράηχα ογδόων το μετράμε ως εξής:

"έ- (ε-να)-α   (δύ -υ-) ο (ο)-(τρί)-ι -(α-α)"

Συνοπτικά για να καταλάβουμε τα μεγέθη των ομάδων:

3ηχα < 2ηχα

6ηχα < 4ηχα

ΑΝΕΠΤΥΓΜΕΝΑ ΤΡΙΗΧΑ-ΕΞΑΗΧΑ-ΔΥΗΧΑ-ΤΕΤΡΑΗΧΑ

Όλες οι παραπάνω ομάδες αξιών μπορούν να εμφανιστούν και με ανεπτυγμένη γραφή. Η αξία τους παραμένει ίδια όμως.

π.χ. Μπορούμε για παράδειγμα να αντικαταστήσουμε κάποιο-α όγδοο με 2 δέκατα έκτα.

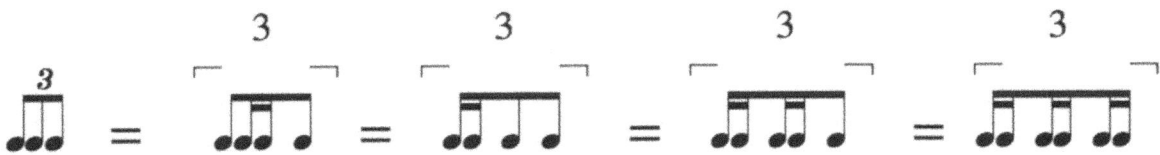

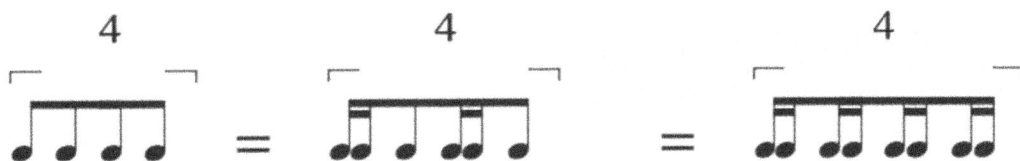

Άσκηση

Να γράψετε τις τις εξισώσεις των παρακάτω αξιών

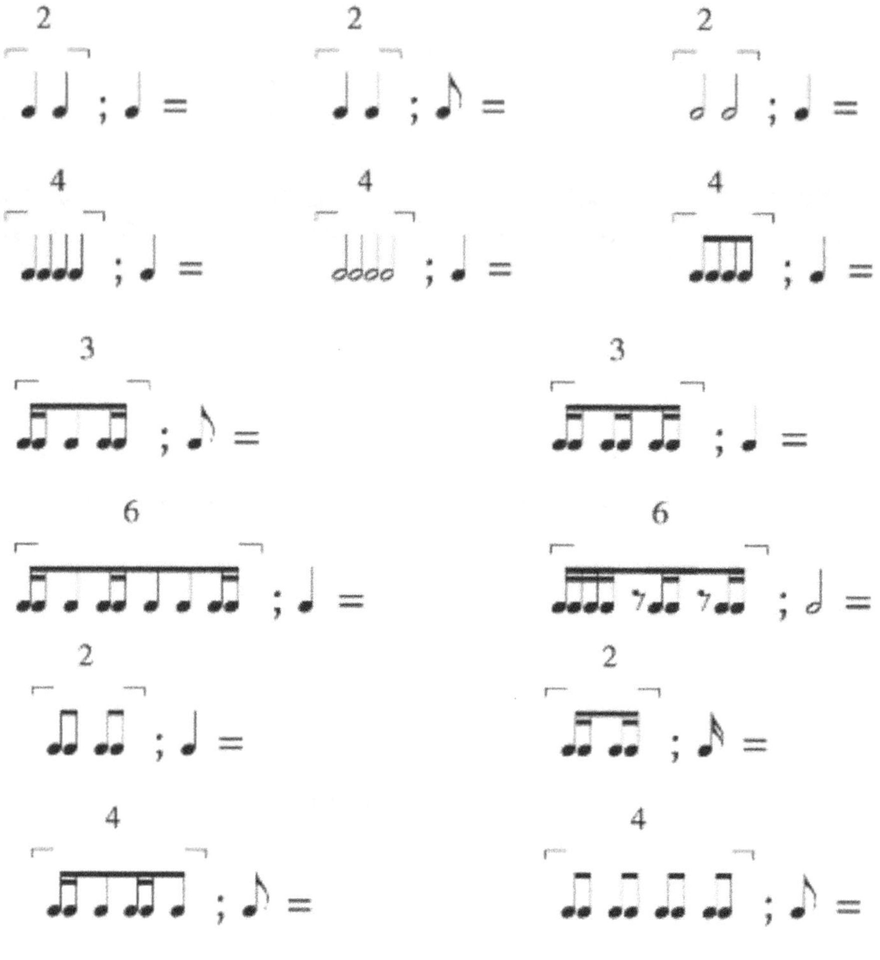

ΑΛΛΕΣ ΠΙΟ ΠΟΛΥΠΛΟΚΕΣ ΟΜΑΔΕΣ ΑΞΙΩΝ

Όπως αναφερθήκαμε και παραπάνω σε δύηχα,τρίηχα,τετράηχα,εξάηχα, μπορούμε να έχουμε κι άλλες ομάδες αξιών όπως π.χ. :

Πεντάηχο:

Επτάηχο:

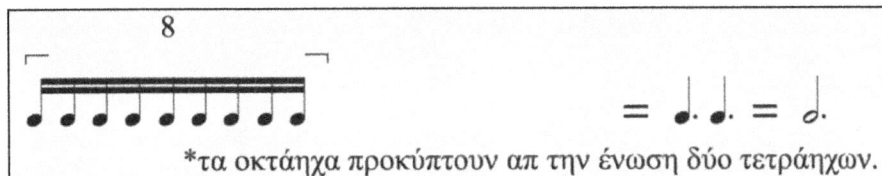

*τα οκτάηχα προκύπτουν απ την ένωση δύο τετράηχων.

Εννιάηχο:

Δεκάηχο:

Εντεκάηχο:

Δωδεκάηχο:

12

 $=$ ♩

Δεκατριάηχο:

13

 $=$ ♩

Δεκατετράηχο:

14

 $=$ ♩

Δεκαπεντάηχο:

15

 $=$ ♩

Δεκαεξάηχο:

16

 $=$ ♩♩

---

*Από τα 16άηχα και πάνω **όλες οι ομάδες τριακοστών δευτέρων** είναι **ίσες με δύο** τέταρτα.

ΡΥΘΜΙΚΗ ΑΓΩΓΗ (time signature)

Ρυθμική αγωγή ονομάζονται οι δύο αριθμοί (το κλάσμα) που μπαίνει στην αρχή του πενταγράμμου και ορίζει πόσες αξίες θα έχει το κάθε μέτρο.

π.χ.

Έχουμε ρυθμική αγωγή 2/4.

Ο επάνω αριθμός (αριθμητής) μας λέει "_πόσες_" αξίες έχουμε σε κάθε μέτρο.

Ο κάτω αριθμός (παρονομαστής) μας λέει _ποια_ αξία μετράμε.

Άρα 2/4 σημαίνει ότι μετράμε δύο τέταρτα σε κάθε μέτρο.

Παρατηρούμε ότι μπορούμε να έχουμε οποιονδήποτε συνδυασμό αξιών ή παύσεων αρκεί στο σύνολο τους (σε κάθε μέτρο) αν τις προσθέσουμε να μας βγάζουν 2 τέταρτα (ή ένα μισό).

Αφού λοιπόν μετράμε σε τέταρτα, το κάθε τέταρτο θα είναι ένας χρόνος ή χτύπος.
Άρα το παραπάνω παράδειγμα θα το μετρήσουμε ως εξής:

Αντίστοιχα αν έχουμε μέτρο 3/4

"ένα – δύο-τρία   έ-να δύο τρία ένα-δύο-τρία   έ-ε-να-α   δύ-υ-ο-ο   τρί-ι-α-α"

Αν τώρα έχουμε ρυθμική αγωγή π.χ. 3/8, αυτό σημαίνει ότι θα μετράμε πάλι τρία αλλά τα όγδοα αυτή τη φορά.

"ένα-δύο-τρία   ένα-δύο-τρία   έ-να δύ-ο τρία ένα-δύο-τρία"

Αν έχουμε 2/2 θα μετρήσουμε δύο μισά. π.χ.

"ένα   δύο   έ - να δύ - ο   έ- ε- να- α δύ - ο"

Τα μέτρα με αριθμητή 2 ή 3 ονομάζονται ΑΠΛΑ μέτρα.

Τα μέτρα με αριθμητή από 4 και μεγαλύτερα ονομάζονται ΣΥΝΘΕΤΑ
(γιατί φτιάχνονται από την ένωση απλών μέτρων).

*Ενδεικτικά: μερικά απλά μέτρα είναι 2/4, 3/4, 2/8, 3/8, 2/2, 3/2, κ.τ.λ
          μερικά σύνθετα μέτρα: 4/4, 5/4, 4/2, 6/4, 6/8, 7/4, 7/8, 8/4, 8/8 κ.τ.λ.

ΔΙΕΘΝΗΣ ΤΡΟΠΟΣ ΜΕΤΡΗΜΑΤΟΣ

Είδαμε έως τώρα πως μετράμε στα ελληνικά. Σε αυτό το κεφάλαιο θα μάθουμε τον διεθνή τρόπο μετρήματος που θα μας χρησιμεύσει κυρίως όταν θέλουμε να μετρήσουμε γρήγορα ή πολύπλοκα δέκατα έκτα ή και όγδοα.

Χρησιμοποιούμε τους αριθμούς στα αγγλικά (one,two,three,four,five κ.τ.λ.) και προσθέτουμε **"and" για τα όγδοα** (θα συμβολίζεται με +), προσθέτουμε **"a" στα τρίηχα και "e" και "a" για τα δέκατα έκτα.**

π.χ.

* **Μπορούν επίσης να συμβολίζονται και με αριθμούς χάριν ευκολίας π.χ.:**

1 e + a   2 e + a   3 e + a   4 e + a

ΣΥΝΘΕΤΑ ΜΕΤΡΑ

Ρυθμική αγωγή 4/4 αποτελείται απ την ένωση δύο μέτρων 2/4.

Οπότε θα μετρήσουμε 4 τέταρτα.

Αντίστοιχα αν έχουμε 5/4 είναι σαν να έχουμε ενώσει μέτρο 3/4 και ένα μέτρο 2/4.
π.χ.

Ο δεύτερος τρόπος είναι πιο εύκολος, κυρίως σε μεγαλύτερα μέτρα π.χ. 9/4 ή 12/8 και μας βοηθάει να κατανοήσουμε καλύτερα από ποια απλά μέτρα αποτελείται το σύνθετο μέτρο μας.

*Το μέτρο 4/4 συμβολίζεται και : 𝄴

*Επίσης τα 2/2 θα τα συναντήσουμε και ως : 𝄵

Άσκηση

Να συμπληρώσετε τα μέτρα με αξίες και παύσεις ώστε να είναι σωστά σε σχέση με τη ρυθμική αγωγή τους.

ΔΥΝΑΤΑ ΚΑΙ ΑΔΥΝΑΤΑ ΜΕΡΗ ΤΟΥ ΜΕΤΡΟΥ

Το κάθε μέτρο έχει δυνατά και αδύνατα μέρη. Στα δυνατά μέρη παίζουμε ή τραγουδάμε τη νότα λίγο πιο δυνατά (τονισμένα) ενώ στα αδύνατα με κανονική (μέτρια) ένταση.

> **Στα απλά μέτρα το δυνατό μέρος του μέτρου είναι ο πρώτος χρόνος.**

> **Στα σύνθετα μέτρα τα δυνατά μέρη είναι όπως και στα απλά**
> **απ' όπου προέρχονται.**

π.χ.

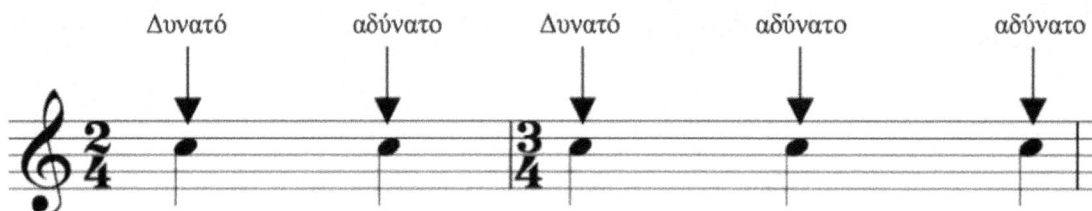

Αυτός είναι ο κύριος κανόνας τονισμού εκτός κι αν ο συνθέτης του κομματιού θέλει κάποιους άλλους τονισμούς οι οποίοι θα αναγράφονται.

Οι τονισμένες νότες (δυνατά μέρη) συμβολίζονται με > (accent) πάνω απ τη νότα.

Άρα:

Το **μέτρο 4/4** τονίζεται όπως τα 2/4 ο πρώτος και ο τρίτος χρόνος.

Το **μέτρο 5/4** αν αποτελείται από 2/4 και 3/4 τονίζεται στον πρώτο και στον τρίτο χρόνο. Αν αποτελείται από 3/4 και 2/4 (δηλαδή το τριάρι είναι πρώτα) τονίζεται στον πρώτο και στον τέταρτο χρόνο.

Το **μέτρο 6/8** αποτελείται από δύο μέτρα 3/8. Άρα θα τονίζεται ανά τρία (στον πρώτο και τέταρτο χρόνο.

Το **μέτρο 7/8** μπορεί να αποτελείται από 2/8-2/8-3/8 ή 2/8-3/8-2/8 ή 3/8-2/8-2/8 και αναλόγως τονίζεται:

*Τα μέτρα με παρονομαστή τα όγδοα επειδή είναι πιο "γρήγορα" βολεύει να τα μετράμε στα αγγλικά επειδή είναι μονοσύλλαβες λέξεις. (one, two, three, four, κτλ.).

π.χ.

Έξι όγδοα έχει το πρώτο μέτρο έξι έχει και το δεύτερο. Το γκρουπάρισμα στα όγδοα όμως στο **πρώτο μέτρο** είναι ανά δύο που σημαίνει ότι ο συνθέτης τα έχει στο μυαλό του ως τέταρτα και **δεν αναλύονται σε απλούστερο μέτρο** ενώ στο **δεύτερο μέτρο** που είναι ανά τρία φαίνεται να **αποτελείται από δύο μέτρα 3/8 +3/8.**

Αντίστοιχα:

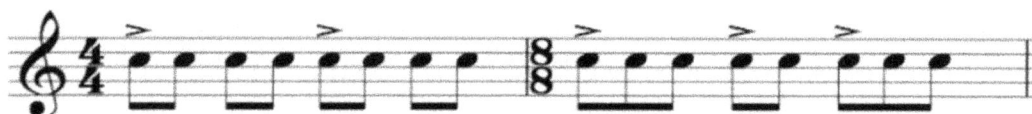

Και τα δύο μέτρα εμπεριέχουν 8 όγδοα. **Στο πρώτο μέτρο** που είναι γκρουπαρισμένα ανά δύο καταλαβαίνουμε ότι **προέρχεται από δύο μέτρα των δύο τετάρτων.**
Στο δεύτερο μέτρο δε θα μπορούσε να συμβαίνει αυτό γιατί το γκρουπάρισμα μας δείχνει ότι προέρχεται απο **μέτρα 3/8, 2/8 και 3/8.** Άρα προκύπτει ότι είναι **8/8.**

*Κάποιοι γκρουπάρουν τα μέτρα μόνο με τονισμούς χωρίς να διαχωρίζουν τις αξίες όπως στα παραπάνω παραδείγματα. **Δεν είναι** "επίσημα" **σωστή** γραφή αλλά για εμάς είναι το ίδιο πράγμα.

π.χ.

ΕΛΛΙΠΕΣ ΜΕΤΡΟ

> Ελλιπές μέτρο είναι αυτό το οποίο δεν έχει όλους τους χρόνους που θα έπρεπε να έχει όπως ορίζει η ρυθμική αγωγή του.

π.χ.

Παρατηρούμε ότι το κομμάτι μας ξεκινάει απ τον τέταρτο χρόνο.

Στο παραπάνω παράδειγμα ξεκινάει απ' το τελευταίο όγδοο του τέταρτου χρόνου.

Στο παραπάνω παράδειγμα ξεκινάει απ' τον τρίτο χρόνο του μέτρου.

Όταν ένα κομμάτι ή ένα μέρος αυτού ξεκινάει με ελλιπές μέτρο λέμε ότι ξεκινάει με **άρση** ή με **λεβάρε**.

*Άρση ονομάζεται αλλιώς το αδύνατο μέρος του μέτρου.

Όταν το τελευταίο μέτρο έχει επανάληψη, τότε είναι κι αυτό ελλιπές και συμπληρώνει τους χρόνους που λείπουν απ' το πρώτο μέτρο.

π.χ.

Βλέπουμε ότι οι **δύο χρόνοι που λείπουν απ' το πρώτο μέτρο συμπληρώνονται στο τελευταίο** έτσι ώστε όταν κάνουμε την επανάληψη να ακουστεί σαν ολόκληρο μέτρο και όλο το μέρος να ακουστεί σαν **τετράμετρο**.

Άσκηση

Να γράψετε τη ρυθμική αγωγή των παρακάτω μέτρων και το μέτρημα με τον διεθνή τρόπο.

Άσκηση

Να γράψετε τη ρυθμική αγωγή των παρακάτω μέτρων, τους τονισμούς σύμφωνα με το γκρουπάρισμα και το μέτρημα με τον διεθνή τρόπο.

*ΙΣΤΟΡΙΚΑ

Ρυθμός κατά τον Αριστοτέλη είναι
"κάθε επαναλαμβανόμενη και μετρήσιμη κίνηση".

Ή αλλιώς:

Ρυθμός είναι οποιαδήποτε κίνηση που χαρακτηρίζεται από
την οργανωμένη διαδοχή ισχυρών και αδύναμων στοιχείων.

ΚΛΙΜΑΚΑ

Κλίμακα είναι μια σειρά από (συνήθως 8) συνεχόμενες νότες όπου ξεκινάει και τελειώνει πάντα στην ίδια νότα.

Ντο   Ρε   Μι   Φα   Σολ   Λα   Σι   Ντο

π.χ.

Η κλίμακα παίρνει το όνομά της απ' τη νότα που ξεκινάει. Οπότε η παραπάνω κλίμακα ονομάζεται Ντο ή C.

Οκτάβα είναι δύο ίδιες νότες που έχουν μεταξύ τους απόσταση οκτώ φθόγγων

ΣΗΜΕΙΑ ΑΛΛΟΙΩΣΗΣ (accidentals = τυχαία) είναι τα σύμβολα τα οποία αλλοιώνουν το ύψος μιας νότας.

η ΔΙΕΣΗ (#) ανεβάζει τη νότα ένα ημιτόνιο.

η ΥΦΕΣΗ (b) κατεβάζει τη νότα ένα ημιτόνιο.

η ΑΝΑΙΡΕΣΗ (♮) επαναφέρει τη νότα στη φυσική της κατάσταση.

ηΔΙΠΛΗ ΔΙΕΣΗ (x) ανεβάζει τη νότα δύο ημιτόνια (ένα τόνο).

η ΔΙΠΛΗ ΥΦΕΣΗ (bb) κατεβάζει τη νότα δύο ημιτόνια (ένα τόνο).

ΔΙΠΛΗ ΑΝΑΙΡΕΣΗ (♮♮) την επαναφέρει στην φυσική της κατάσταση από διπλό σημείο αλλοίωσης.

ΤΟΝΟΙ ΚΑΙ ΗΜΙΤΟΝΙΑ

Τόνος είναι η μεγάλη απόσταση μεταξύ δύο γειτονικών- συνεχόμενων φθόγγων (δηλαδή υπάρχει κι άλλη νότα ανάμεσά τους).

Ημιτόνιο είναι η μικρότερη απόσταση μεταξύ δυο γειτονικών φθόγγων (της δυτικής μουσικής) δηλαδή δεν υπάρχει κάποια άλλη νότα ανάμεσά τους.

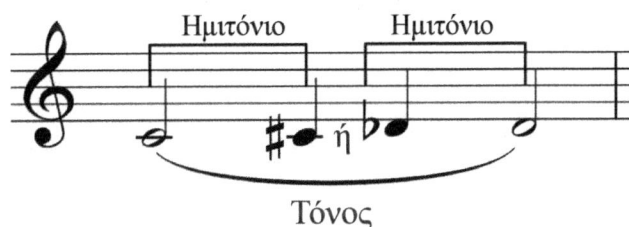

Π.χ. Ντο-ρε είναι Τόνος γιατί υπάρχει ανάμεσά τους και το Ντο # ή Ρεb.

Ενώ Μι-Φα είναι ημιτόνιο όπως και Σι-Ντο.

ΧΡΩΜΑΤΙΚΑ ΚΑΙ ΔΙΑΤΟΝΙΚΑ ΗΜΙΤΟΝΙΑ

Χρωματικά είναι οι τα ημιτόνια που σχηματίζονται από την αλλοίωση της ίδιας νότας π.χ. Ντο- Ντο# , ενώ διατονικά είναι αυτά που σχηματίζονται από δύο διαφορετικές νότες π.χ. Ντο-Ρεb.

Χρωματικό ημιτόνιο   Διατονικό ημιτόνιο

ΜΕΤΑΤΡΟΠΗ ΤΟΝΩΝ ΣΕ ΗΜΙΤΟΝΙΑ ΚΑΙ ΑΝΤΙΣΤΡΟΦΑ

Για τις μετατροπές αυτές χρησιμοποιούμε τα σημεία αλλοίωσης.

Για να μετατρέψουμε ένα τόνο σε ημιτόνιο πρέπει να μικρύνουμε την απόσταση. Οπότε είτε θα ψηλώσουμε τον χαμηλότερο φθόγγο, είτε θα χαμηλώσουμε τον ψηλότερο. π.χ.

Ντο-Ρε είναι τόνος
Για να γίνει ημιτόνιο θα γίνει Ντο#-Ρε ή Ντο - Ρεb

Και αντίστοιχα για να μετατρέψουμε ένα ημιτόνιο σε τόνο θα πρέπει να μεγαλώσουμε την απόσταση. Οπότε είτε θα ψηλώσουμε την ψηλότερη νότα, είτε θα χαμηλώσουμε τη χαμηλότερη.

π.χ. Μι -Φα ημιτόνιο
Για να γίνει τόνος. Μι - Φα# ή Μιb - Φα

Αν τώρα έναν τόνο τον μεγαλώσουμε κι άλλο τότε δημιουργείται **τριημιτόνιο**.
(Απόσταση τριών ημιτονίων μεταξύ δυο γειτονικών φθόγγων).

π.χ. Σολ-Λα τόνος αν το μεγαλώσουμε θα γίνει: Σολ-Λα# ή Σολb-Λα τριημιτόνιο.

Αν ένα ημιτόνιο το μικρύνουμε κι άλλο θα έχουμε μηδενική απόσταση και οι φθόγγοι αυτοί θα ονομάζονται εναρμόνιοι.

π.χ. Σολ#-Λα ημιτόνιο αν το μικρύνουμε θα γίνει
Σολ# - Λαb που ονομάζονται εναρμόνιοι και έχουν το ίδιο άκουσμα.

> ***εναρμόνιοι φθόγγοι** είναι αυτοί που έχουν διαφορετικό όνομα αλλά ίδιο άκουσμα (ταυτοφωνία).
>
> ***ταυτοφωνία** είναι όταν δύο φθόγγοι έχουν ίδιο άκουσμα και ηχούν ταυτόχρονα στην ίδια οκτάβα.

Άσκηση

Να αναγνωριστούν οι παρακάτω αποστάσεις

Άσκηση

Να μετατρέψετε τους παρακάτω τόνους σε ημιτόνια και αντίστροφα και με τους δύο τρόπους.

Να μετατρέψετε τις παρακάτω αποστάσεις σε ταυτοφωνίες και τριημιτόνια.

ΤΟΝΟΙ-ΗΜΙΤΟΝΙΑ - ΣΗΜΕΙΑ ΑΛΛΟΙΩΣΗΣ ΣΤΙΣ ΚΛΙΜΑΚΕΣ

Εάν πάρουμε με τη σειρά τώρα την Ντο κλίμακα και μελετήσουμε τις αποστάσεις των νοτών της, θα έχουμε την εξής μορφή..

Οπότε προκύπτει η μορφή:

Τ-Τ-Η-Τ-Τ-Τ-Η

Η μορφή αυτή αποτελεί το κυρίως **Μείζον-Major** άκουσμα
και ονομάζεται **Ionian** μορφή-τρόπος-mode-κλίμακα.

Και αντίστοιχα η **κυρία Ελάσσονα κλίμακα είναι η Aeolian** και έχει μορφή :

Τ-ημ-Τ-Τ-ημ-Τ-Τ

Αν τώρα θέλουμε να φτιάξουμε μια Ionian κλίμακα ξεκινώντας από κάποια άλλη νότα, θα πρέπει να χρησιμοποιήσουμε σημεία αλλοίωσης όπου χρειάζεται προκειμένου να δημιουργήσουμε την παραπάνω μορφή.

Τα σημεία αλλοίωσης μας βοηθάνε να φτιάξουμε οποιαδήποτε κλίμακα - τρόπο ξεκινώντας απ' όποια νότα επιθυμούμε.

> **Τα σημεία αλλοίωσης που χρειάζεται μια κλίμακα για να έχει μια συγκεκριμένη μορφή ονομάζονται ΟΠΛΙΣΜΟΣ** και μπαίνουν στην αρχή του πενταγράμμου αμέσως μετά τον γνώμονα και έτσι εννοείται ότι σε όλη την κλίμακα οι νότες στις οποίες αναφέρεται ο οπλισμός θα έχουν τις συγκεκριμένες αλλοιώσεις.

ΟΝΟΜΑΣΙΑ ΚΑΙ ΔΙΑΧΩΡΙΣΜΟΣ ΤΩΝ ΚΛΙΜΑΚΩΝ

Τις κλίμακες όπως είπαμε παραπάνω θα τις χωρίσουμε σε δύο μεγάλες ομάδες ανάλογα με το "άκουσμα" τους.

Μείζονες = χαρούμενο, εύθυμο και μεγαλόπρεπο άκουσμα.

Ελάσσονες = Λυπημένο, ρομαντικό, μελαγχολικό άκουσμα.

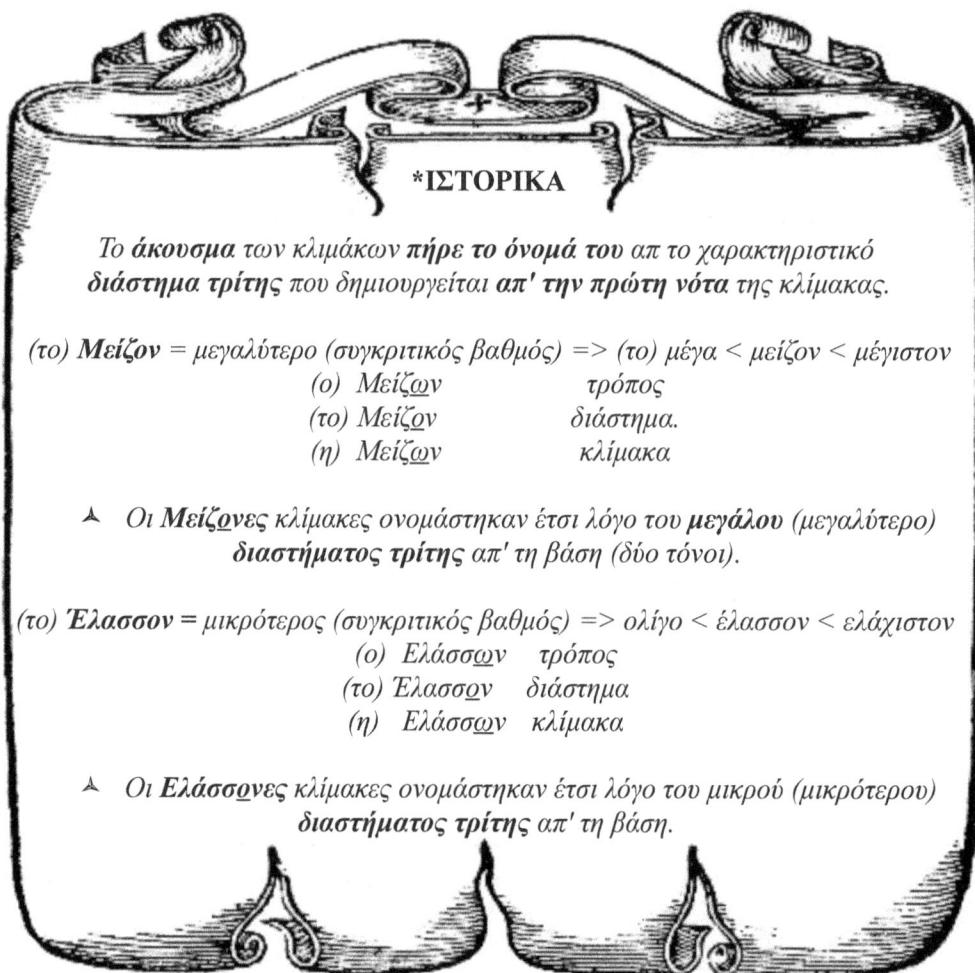

*ΙΣΤΟΡΙΚΑ

*Το **άκουσμα** των κλιμάκων **πήρε το όνομά του** απ το χαρακτηριστικό **διάστημα τρίτης** που δημιουργείται **απ' την πρώτη νότα** της κλίμακας.*

*(το) **Μείζον** = μεγαλύτερο (συγκριτικός βαθμός) => (το) μέγα < μείζον < μέγιστον*
(ο) Μείζων   τρόπος
(το) Μείζον   διάστημα.
(η) Μείζων   κλίμακα

➤ *Οι **Μείζονες** κλίμακες ονομάστηκαν έτσι λόγο του **μεγάλου** (μεγαλύτερο) **διαστήματος τρίτης** απ' τη βάση (δύο τόνοι).*

*(το) **Έλασσον** = μικρότερος (συγκριτικός βαθμός) => ολίγο < έλασσον < ελάχιστον*
(ο) Ελάσσων   τρόπος
(το) Έλασσον   διάστημα
(η) Ελάσσων   κλίμακα

➤ *Οι **Ελάσσονες** κλίμακες ονομάστηκαν έτσι λόγο του μικρού (μικρότερου) **διαστήματος τρίτης** απ' τη βάση.*

Αν τώρα θέλουμε να φτιάξουμε π.χ. τη Ρε ionian. Έχουμε:

ΡΕ-ΜΙ-ΦΑ-ΣΟΛ-ΛΑ-ΣΙ-ΝΤΟ-ΡΕ

Ρε-Μι Τόνος	ΣΩΣΤΟ
Μι -Φα. Ημ.	Σύμφωνα με τη φόρμα μας πρέπει να είναι τόνος άρα Μι-Φα#
Φα#-Σολ Ημ.	ΣΩΣΤΟ
Σολ-Λα. Τ.	ΣΩΣΤΟ
Λα-Σι. Τ.	ΣΩΣΤΟ
Σι-Ντο. Ημ.	Το θέλουμε τόνο άρα Σι-Ντο#
Ντο#-Ρε. Ημ.	ΣΩΣΤΟ

Άρα:

άρα με τον οπλισμό της

Οι νότες που χρειάστηκε να αλλοιώσουμε ήταν η Φα και η Ντο.
Άρα ο οπλισμός της Ρε Ionian είναι φα και ντο διέσεις.

ΟΠΛΙΣΜΟΣ ΣΕ IONIAN ΚΑΙ AEOLIAN ΚΛΙΜΑΚΕΣ

Αν συνεχίσουμε κατά τον ίδιο τρόπο για να βρούμε τον οπλισμό όλων των Ιονίων κλιμάκων (ξεκινώντας και απ' τις 12 νότες) θα καταλήξουμε στην εξής σειρά ανάλογα με το πόσες διέσεις ή υφέσεις έχουν.

Ionian κλίμακες με διέσεις: ΣΟΛ ΡΕ ΛΑ ΜΙ ΣΙ ΦΑ# ΝΤΟ#
Ionian κλίμακες με υφέσεις: ΦΑ ΣΙb ΜΙb ΛΑb ΡΕb ΣΟΛb ΝΤΟb

Οι σειρές αυτές καθορίζουν πόσες διέσεις ή υφέσεις έχει μια κλίμακα

π.χ. η Σολ που είναι πρώτη έχει μια δίεση, η Ρε έχει 2 κτλ.
Αντίστοιχα η Φα έχει μια ύφεση, η Σι έχει 2 κτλ.

Κατά την ίδια διαδικασία προκύπτει η σειρά που εμφανίζονται οι διέσεις

Φα Ντο Σολ Ρε Λα Μι Σι

και οι σειρά που εμφανίζονται οι υφέσεις

Σι Μι Λα Ρε Σολ Ντο Φα

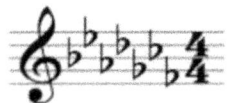

π.χ. αν μια κλίμακα είναι τρίτη στη σειρά και έχει τρεις διέσεις τότε σίγουρα θα έχει τις τρεις πρώτες (Φα,Ντο,Σολ) και αντίστοιχα αν έχει πέντε υφέσεις θα έχει τις πέντε πρώτες (Σι,Μι,Λα,Ρε,Σολ).

Τις σειρές αυτές πρέπει να τις αποστηθίσουμε και ένας εύκολος τρόπος

Είναι:

> **Όσον αφορά τις κλίμακες με διέσεις ξεκινάμε απ' τη φυσική ντο και ανεβαίνουμε ανά 5 μετρώντας πάντα και τη πρώτη νοτα.**
>
> **Όσον αφορά τις κλίμακες με υφέσεις ξεκινάμε απ' τη φυσική ντο και ανεβαίνουμε ανά 4 νότες.**

Το ίδιο ισχύει και για τη **σειρά που μπαίνουν οι διέσεις** στις κλίμακες αλλά ξεκινώντας απ' την πρώτη δίεση που είναι η Φα **ανεβαίνουμε πέμπτες.**

Για τη **σειρά που μπαίνουν οι υφέσεις** ξεκινάμε απ' την πρώτη ύφεση που είναι η Σι και **ανεβαίνουμε τέταρτες.**

Αν εργαστούμε κατά τον ίδιο τρόπο για της Aeolian θα παρατηρήσουμε ότι η σειρά των κλιμάκων αυτών είναι:

> **Aeolian κλίμακες με διέσεις: ΜΙ,ΣΙ,ΦΑ#,ΝΤΟ#,ΣΟΛ#,ΡΕ#,ΛΑ#**
> **Aeolian κλίμακες με υφέσεις: ΡΕ,ΣΟΛ,ΝΤΟ,ΦΑ,ΣΙb,ΜΙb,ΛΑb**

Οι σειρά που μπαίνουν οι διέσεις και οι υφέσεις είναι ίδια όπως και στις Ionian.

> Οι παραπάνω σειρές ονομάζονται: **κύκλος με 5ες και κύκλος με 4ες αντίστοιχα.**

ΒΑΘΜΙΔΕΣ ονομάζεται η αρίθμηση των νοτών μιας κλίμακας.

π.χ. Στη Ντο Ionian

Ντο , Ρε, Μι , Φα, Σολ, Λα, Σι, Ντο
  1.   2.   3.   4.   5.   6.   7.   8

Ο κύκλος με τις 5ες και τις 4ες προήλθε απ' τον Πυθαγόρα, ο οποίος κατ αυτόν
τον τρόπο όρισε το τονικό μουσικό σύστημα το οποίο αποτελείται από 12 φθόγγους (Πυθαγόρεια κλίμακα).

Οι πυθαγόρειοι είχαν φτιάξει ένα μουσικό όργανο με μία μόνο χορδή, το μονόχορδο.
Η απλούστερη σχέση που προκύπτει μεταξύ δύο ήχων είναι όταν μια χορδή διαιρείται στο **μέσον** της **(1/2)**.
Οι δύο αυτοί ήχοι είναι έχουν απόσταση μιας οκτάβας.
π.χ. αν η χορδή είναι κουρδισμένη σε Ντο αν την διαιρέσουμε στη μέση
θα ακούσουμε το Ντο που βρίσκεται μια οκτάβα ψηλότερα.

Η δεύτερη απλούστερη διαίρεση της χορδής είναι στα **τρία** όπου προκύπτει ότι τα
2/3 της χορδης μας δίνουν **διάστημα 5ης** απ' την αρχική νότα, δηλαδή **Σολ.**
Συνεχίζοντας απ' την Σολ και διαιρώντας πάλι το νέο μήκος της χορδής στα **2/3** του,
προκύπτει άλλη μία νέα νότα μια 5η ψηλότερα, η **Ρε.**
Έτσι με συνεχείς διαιρέσεις προκύπτει η σειρά:

Ντο-   Σολ-Ρε-Λα-Μι-Σι-Φα#-Ντο#-Σολ#-Ρε#-Λα#- Μι#=Φα κτλ.

Στη συνέχεια διαίρεσαν την χορδή στα **τέσσερα** όπου προκύπτει ότι τα **3/4** της χορδής
μας δίνουν **διάστημα 4ης** απ' την αρχική νότα, δηλαδή **Φα.**
Συνεχίζοντας τις διαιρέσεις 3/4 απ' το νέο μήκος της χορδής προκύπτει η σειρά:

Ντο-   Φα-Σιb-Μιb-Λαb-Ρεb-Σολb-Ντοb- Φαb=Μι κτλ..

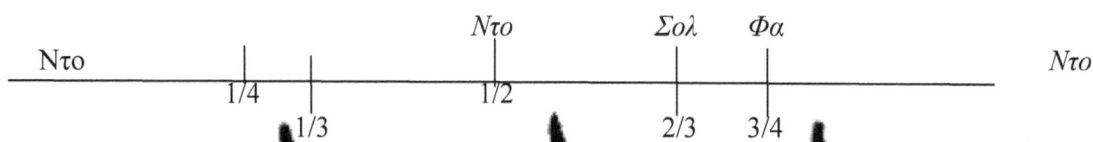

Ντο   Ντο   Σολ   Φα   Ντο
        1/4   1/2   2/3   3/4
            1/3

Άσκηση

Να δημιουργήσετε τις παρακάτω Ionian κλίμακες με βάση την Ionian μορφή και να γράψετε τους τόνους και τα ημιτόνια που σχηματίζονται.

E ion.

A ion.

F ion.

Eb ion.

Ab ion.

Db ion.

F# ion.

B ion.

Άσκηση

Να δημιουργήσετε τις παρακάτω Aeolian κλίμακες με βάση την Aeolian μορφή να γράψετε τους τόνους και τα ημιτόνια που σχηματίζονται.

D aeol.

C aeol.

E aeol.

B aeol.

C# aeol.

G# aeol.

F aeol.

Eb aeol.

Ionian κλίμακες   ## Aeolian κλίμακες

Ντο	**Ντο**	**Λα**	**Λα**
Σολ	**Φα**	**Μι**	**Ρε**
Ρε	**Σιb**	**Σι**	**Σολ**
Λα	**Μιb**	**Φα#**	**Ντο**
Μι	**Λαb**	**Ντο#**	**Φα**
Σι	**Ρεb**	**Σολ#**	**Σιb**
Φα#	**Σολb**	**Ρε#**	**Μιb**
Ντο#	**Ντοb**	**Λα#**	**Λαb**

ΔΙΑΣΤΗΜΑΤΑ

Διάστημα είναι η απόσταση μεταξύ δυο φθόγγων. Οι φθόγγοι μπορεί να ηχούν **ο ένας μετά τον άλλον** , οπότε μιλάμε για **ΜΕΛΩΔΙΚΟ** διάστημα ή **ταυτόχρονα** οπότε λέγεται **ΑΡΜΟΝΙΚΟ** διάστημα.

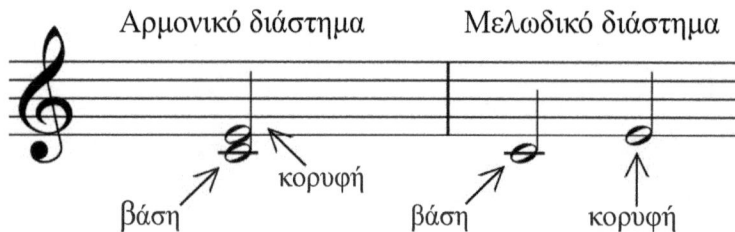

Η χαμηλότερη νότα του διαστήματος λέγεται **ΒΑΣΗ** ενώ η ψηλότερη **ΚΟΡΥΦΗ**.

Το όνομα των διαστημάτων αποτελείται
α) απ το μέγεθός τους και
β) απ την ποιότητά τους

Το μέγεθος καθορίζεται αριθμητικά απ' το πόσες νότες ¨περιέχει ¨ το διάστημα.

π.χ. Ντο-Λα είναι 6ης γιατί περιέχει έξι νότες .
Ντο, Ρε, Μι ,Φα, Σολ, Λα.

Η ποιότητα καθορίζεται απ' τον αριθμό των ημιτονίων που περιέχονται μέσα στο διάστημα.

Δηλαδή όσο περισσότερα ημιτόνια (μικρές αποστάσεις) έχει ένα διάστημα τόσο μικρότερο είναι.

π.χ. Ντο-Μι δεν περιέχει κανένα ημιτόνιο (καμιά μικρή απόσταση) είναι

3ης Μεγάλο

Ρε-Φα είναι μικρό γιατί περιέχει ένα ημιτόνιο, το Μι-Φα.

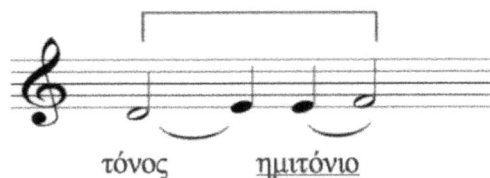

Οι ποιότητες των διαστημάτων μπορεί να είναι :

ΜΙΚΡΑ	(minor = m)
ΜΕΓΑΛΑ	(Major = M)
ΚΑΘΑΡΑ	(Pure = P)
ΕΛΑΤΤΟΜΕΝΑ	(Diminished = Dim)
ΑΥΞΗΜΕΝΑ	(Augmented = aug)

και για να καταλάβουμε τα μεγέθη τους:

$$dim < m < (P) < M < Aug$$

Άρα αν μικρύνουμε ένα μικρό διάστημα θα γίνει ελαττωμένο ενώ αν μεγαλώσουμε κι άλλο ένα ήδη μεγάλο θα γίνει αυξημένο.

Καθαρά μπορούν να είναι <u>ΜΟΝΟ</u> τα διαστήματα 1ης, 8ης, 4ης, 5ης, τα οποία αν τα μεγαλώσουμε θα γίνουν κατευθείαν αυξημένα κι αν τα μικρύνουμε ελαττωμένα..

*Τα 1ης,8ης,4ης,5ης, δεν μπορούν να είναι μεγάλα ή μικρά και τα υπόλοιπα δεν μπορούν να είναι καθαρά.

Συνοπτικά τα διαστήματα:

1ης, ταυτοφωνία

2ας, 3ης	m (ένα ημιτόνιο)	ή	M (κανένα ημιτόνιο)
4ης, 5ης	P (ένα ημιτόνιο),		dim, (δύο ημιτόνια),
			aug (κανένα ημιτόνιο)
6ης, 7ης,	m (δύο ημιτόνια)	ή	M (ένα ημιτόνιο)

*Φυσικά τα 2ας,3ης και 6ης, 7ης όπως είπαμε και παραπάνω, εάν είναι ήδη μεγάλα και τα μεγαλώσουμε κι άλλο, θα γίνουν αυξημένα.
Όπως και αν είναι μικρά και τα μικρύνουμε κι άλλο θα γίνουν ελαττωμένα.

Έτσι η πλήρης ονομασία ενός διαστήματος π.χ. Ντο-Λα
είναι 6ης μεγάλο ή Μ6.

ΣΥΝΘΕΤΑ ΔΙΑΣΤΗΜΑΤΑ

Ονομάζονται τα διαστήματα μεγαλύτερα της οκτάβας (8ης).

Π.χ. 9ης

Για να βρούμε την ποιότητα τους τα σκεφτόμαστε σαν ΑΠΛΑ διαστήματα. Δηλαδή: Ντο-Σολ θα είναι 12ης καθαρό όπως αν ήταν 5ης.
Ντο-Ρε 9ης μεγάλο όπως και το 2ας κ.τ.λ.

Από τα σύνθετα διαστήματα θα χρειαστεί να αποστηθίσετε τα 9, 11, 13 τα οποία θα χρησιμοποιήσουμε κατά κόρων στη συνέχεια.

```
┌─────────────────────────────────┐
│  Χρήσιμο είναι να σκεπτόμαστε ότι:│
│                                   │
│       9ης    =    2ας             │
│      11ης    =    4ης             │
│      13ης    =    6ης             │
└─────────────────────────────────┘
```

Συμβολισμός διαστημάτων:

1ης καθαρό	P1	
1ης αυξημένο	aug1	
2ας/9ης μικρό	m2 / m9	b2 / b9
2ας/9ης μεγάλο	M2 / M9	2 / 9
2ας/9ης αυξημένο	aug2 / aug9	#2 / #9
3ης/10ης μικρό	m3 / m10	b3 / b10
3ης/10ης μεγάλο	M3 / M10	3 / 10
4ης/11ης ελαττωμενο	dim4 / dim11	b4 / b11
4ης/11ης καθαρό	P4 / P11	4 / 11
4ης/11ης αυξημένο	aug4 / aug11	#4 / #11
5ης/12ης ελαττωμένο	dim5 / dim12	b5 / b12
5ης/12ης καθαρό	P5 / P12	5 / 12
5ης/12ης αυξημένο	aug5 / aug12	#5 / #12
6ης/13ης μικρό	m6 / m13	b6 / b13
6ης/13ης μεγάλο	M6 / M13	6 / 13
7ης ελαττωμένο	dim7	o
7ης μικρό	m7	7 ή b7
7ης μεγάλο	M7	maj7
8ης ελαττωμένο	dim8	b8
8ης καθαρό	P8	8
8ης αυξημένο	aug8	#8

Άσκηση

Να αναγνωριστούν τα παρακάτω διαστήματα

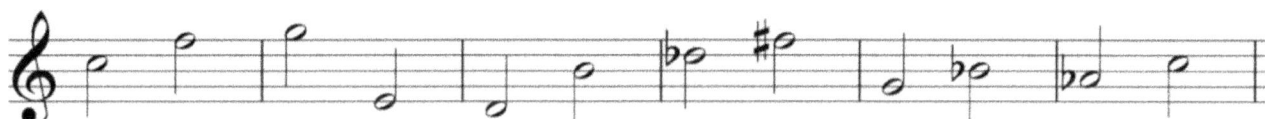

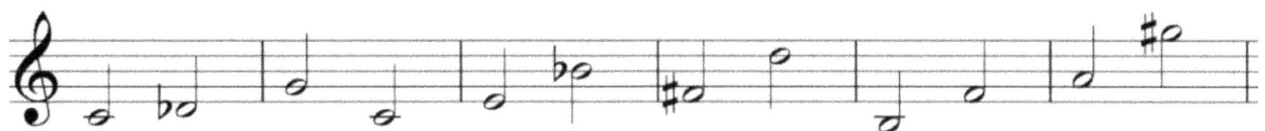

Να αναγνωριστούν τα παρακάτω σύνθετα διαστήματα

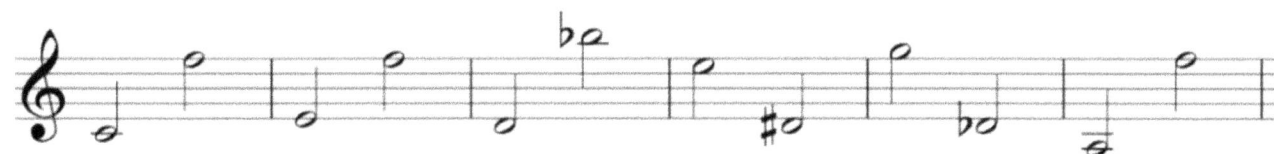

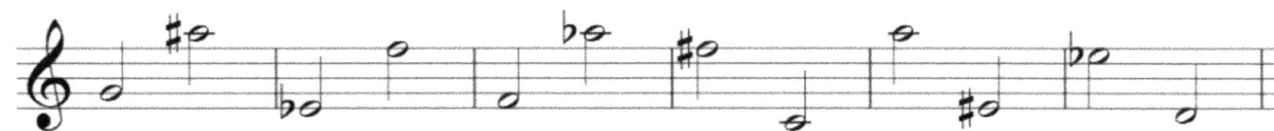

ΣΥΓΧΟΡΔΙΕΣ (CHORDS)

Συγχορδία ονομάζεται η συνήχηση (ηχούν ταυτόχρονα) τριών ή περισσότερων φθόγγων.
Αν σε ένα αρμονικό διάστημα 3ης προσθέσουμε μια ακόμα τρίτη πάνω απ' την κορυφή τότε έχουμε μια τρίφωνη συγχορδία (αποτελείται δηλαδή από τρεις νότες) και ονομάζεται **TRIAD** (τριαδική).

π.χ. Ντο – Μι –Σολ

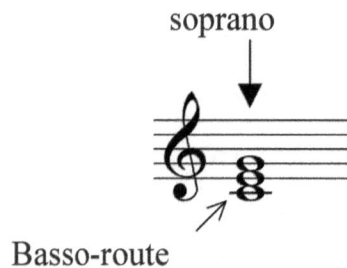

Η χαμηλότερη νότα ονομάζεται **ΒΑΣΗ** (Basso) και η ψηλότερη **ΚΟΡΥΦΗ** (Soprano).

Αν απ' τη βάση της συγχορδίας σχηματίζονται διαστήματα 3ης και 5ης τότε συγχορδία μας είναι σε **ΕΥΘΕΙΑ ΚΑΤΑΣΤΑΣΗ** και η χαμηλότερη νότα εκτώς από βάση ονομάζεται και **ΡΙΖΑ** (route) και δίνει το **όνομα** της στη συγχορδία.

ΡΙΖΑ ονομάζεται πάντα η νότα η οποία είναι η **ΒΑΣΗ** της συγχορδίας σε **ΕΥΘΕΙΑ ΚΑΤΑΣΤΑΣΗ.**

Η ΠΟΙΟΤΗΤΑ της συγχορδίας (minor-major) **ΕΞΑΡΤΑΤΑΙ ΑΠ ΤΟ ΔΙΑΣΤΗΜΑ ΤΡΙΤΗΣ** που δημιουργείται απ' τη **ΡΙΖΑ** (και όχι απ' τη βάση).

π.χ. Ντο -Μι -Σολ   το Ντο-Μι είναι Μ3
άρα η συγχορδία ονομάζεται Ντο major και συμβολίζεται   C

αν είχαμε Ντο-Μιb-Σολ
θα ήταν Ντο minor και συμβολίζεται Cm

ΑΝΑΣΤΡΟΦΕΣ ΤΡΙΑΔΙΚΩΝ (TRIADS) ΣΥΓΧΟΡΔΙΩΝ

Αν τώρα τις ίδιες νότες της παίξουμε με άλλη σειρά.
π.χ.

Μι-Σολ-Ντο

Είναι δηλαδή **η τρίτη της συγχορδίας η Βάση** (Basso) τότε η συγχορδία μας είναι σε **α'
αναστροφή.**

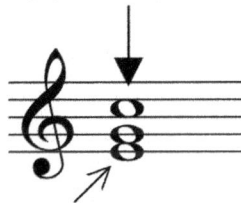

Η συγχορδία παραμένει C με μπάσο Ε και συμβολίζεται C/E.

Όταν στο μπάσο **δεν** έχουμε τη Ρίζα τότε η συγχορδία μας βρίσκεται σε αναστροφή.
Ή αλλιώς..

> **Όταν <u>δεν</u> σχηματίζονται διαστήματα 3ης και 5ης απ' τη βάση,
> η συγχορδία βρίσκεται σε αναστροφή.**

π.χ.

Σολ-Ντο-Μι. Έχουμε την **πέμπτη της συγχορδίας στο μπάσο** άρα η συγχορδία μας είναι σε
β΄ αναστροφή και συμβολίζεται C/G. Δηλαδή C η ρίζα και η ποιότητα της συγχορδίας (major
που δε χρειάζεται συμβολισμό) και μετά την κάθετη γραμμή, το μπάσο G.

Παρατηρούμε ότι όταν η συγχορδία μας είναι σε **α΄ αναστροφή** (η 3η στο μπάσο) σχηματίζονται διαστήματα 6ης και 3ης απ τη βάση.

Όταν βρίσκονται σε **β' αναστροφή** (η 5η στο μπάσο) σχηματίζονται διαστήματα 6ης και 4ης απ' τη βάση.

*Στην κλασική μουσική οι συγχορδίες με **αναστροφή** συμβολίζονται με τους αριθμούς αυτών των διαστημάτων πάνω απ' τη νότα που βρίσκεται στο μπάσο.

α΄αναστροφή	**6**
	3
β' αναστροφή	**6**
	4

π.χ.

Οι major και οι minor συγχορδίες έχουν διάστημα 5ης καθαρής (P5)	
απ' τη ρίζα.	

Άσκηση

Να αναγνωριστούν οι παρακάτω συγχορδίες σε ευθεία κατάσταση

Να γράψετε τις παρακάτω συγχορδίες

C   D   E   Cm   Gm   A   B

Bb   F#m   Ab   Fm   C#m   Eb   D#m

Να αναγνωριστούν οι παρακάτω συγχορδίες και οι αναστροφές τους

Να γράψετε τις παρακάτω συγχορδίες με αναστροφές

E/G#   Cm/Eb   Fm/C   D/A   Gm/Bb   Bm/A   Bb/F

ΕΛΑΤΤΩΜΕΝΕΣ ΚΑΙ ΑΥΞΗΜΕΝΕΣ ΣΥΓΧΟΡΔΙΕΣ

> **Αν το διάστημα 5ης απ' τη ρίζα είναι αυξημένο (aug.) και το 3ης μεγάλο τότε η συγχορδία ονομάζεται Augmented (αυξημένη).**

π.χ. Ντο-Μι-Σολ#

Συμβολίζεται Caug ή C#5

> **Αν το διάστημα 5ης είναι ελαττωμένο (dim.) και το 3ης μικρό τότε και η συγχορδία ονομάζεται ελαττωμένη (diminished).**

π.χ. Ντο-Μιb-Σολb

Συμβολίζεται Cdim ή Co ή Cmb5

Άσκηση

Να αναγνωριστούν οι παρακάτω συγχορδίες

Να φτιάξετε τις παρακάτω triad συγχορδίες

C	Dm	Do	Fm	Faug	G	Gm(b5)

Bm	B	E	Ab	F#m	Bbdim	Dbaug

C/E	Bm/F#	A/E	Gm/D	Fo/Ab	Cm/G	E/B

Gaug/B	A#5/C#	Fo/Cb	Bo	D/A	Faug/A	Co/Eb

ΚΛΕΙΣΤΗ ΚΑΙ ΑΝΟΙΧΤΗ ΘΕΣΗ ΣΥΓΧΟΡΔΙΩΝ

Οι συγχορδίες μπορούν να γραφούν με δύο τρόπους. Σε ανοιχτή θέση ή σε κλειστή θέση.

Κλειστή θέση είναι όπως μάθαμε **όταν οι νότες της συγχορδίας απέχουν διαστήματα 3ης** (ή 4ης αν είναι σε αναστροφή) μεταξύ τους.

Ανοιχτή θέση είναι όταν οι νότες τις συγχορδίες απέχουν μεταξύ τους διαστήματα 5ης ή **και μεγαλύτερα.** (ή αλλιώς αν ανάμεσα στις νότες της συγχορδίας "χωράει" κι άλλη νότα της συγχορδίας τότε είναι σε ανοιχτή θέση).

π.χ.

Άσκηση

Να μετατρέψετε τις συγχορδίες από κλειστή θέση σε ανοιχτή και αντίστροφα.

ΣΥΓΧΟΡΔΙΕΣ 7ης

Η συγχορδίες 7ης είναι τετράφωνες συγχορδίες και προκύπτουν αν στην κορυφή μιας triad (τριάδας) προσθέσουμε μια ακόμα νότα μια 3η ψηλότερα.
Έτσι σε ευθεία κατάσταση σχηματίζονται απ' τη βάση διαστήματα
3ης , 5ης και **7ης**.

Η 7η αν είναι μεγάλη (major) συμβολίζεται **maj7** ή Δ
Η μικρή (minor) 7η συμβολίζεται με σκέτο **7**.
Η ελαττωμένη (diminished) συμβολίζεται με **dim** ή ο

*Αυξημένη όπως είναι προφανές δεν υπάρχει γιατί θα "έπεφτε πάνω" στην 8 που είναι η ρίζα.

Οι 1-3-5-7 είναι οι βασικές νότες ενός ακόρντου ή κλίμακας και ονομάζονται CHORD TONES

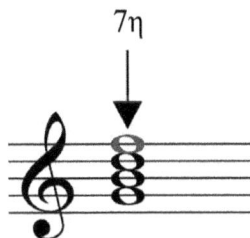

7η

π.χ. Σολ-Σι-Ρε-Φα
είναι major γιατί:

Σολ-Σι =   M3
Σολ-Ρε =   P5

και η 7η είναι μικρή γιατί :

Σολ-Φα =   m7

Άρα συμβολίζεται **G7**

Αν έχουμε: Σολ-Σι-Ρε-Φα#   (Σολ-Φα# είναι maj7)

συμβολίζεται Gmaj7 ή   G△   maj7

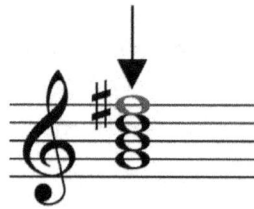

Αν έχουμε: Σολ-Σιb-Ρε-Φα   έχουμε m3 και 7

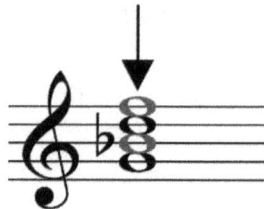

Άρα Gm7

Αν έχουμε: Σολ-Σιb-Ρε-Φα#   έχουμε m3   και   maj7

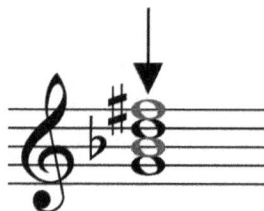

Άρα   Gm(maj7)

*Στη σύγχρονη μουσική δε χρησιμοποιούμε σχεδόν ποτέ triads ακόρντα (εκτός αν μας ζητηθούν ή αν αναγράφονται) αλλά τετράφωνα ακόρντα 7ης ή και άλλα....

Τα major ακόρντα με μικρή 7 ονομάζονται DOMINANT

---

*ΙΣΤΟΡΙΚΑ

Η λέξη Dominant προέρχεται απ' τη λατινική λέξη dominus και σημαίνει κυρίαρχος, επικρατέστερος, δεσπόζων.
Το όνομά τους λοιπόν μαρτυρά πόσο σημαντικά είναι.
Γι αυτό στη συνέχεια θα τα αναλύσουμε εκτενέστερα.

Άσκηση

Να αναγνωριστούν οι παρακάτω συγχορδίες 7ης

Να γράψετε τα παρακάτω ακόρντα 7ης

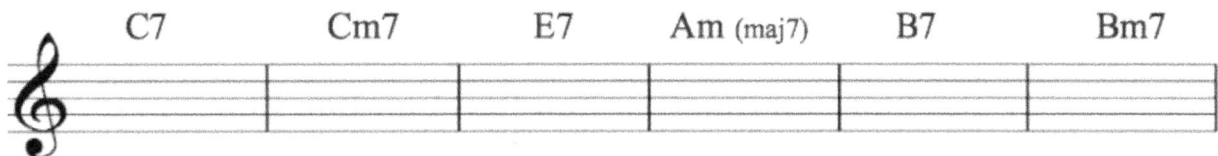

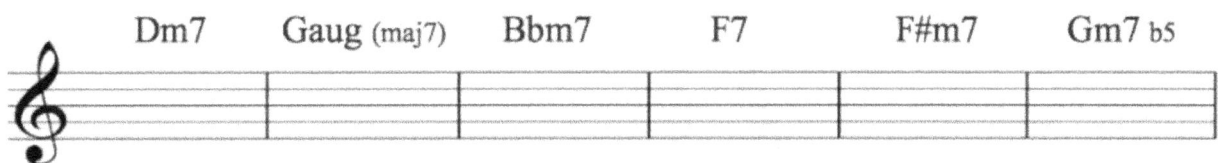

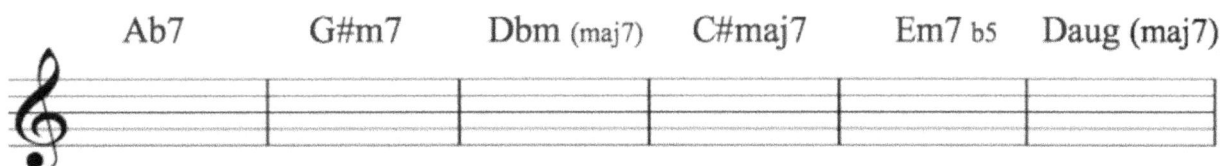

EXTENDED CHORDS (Ακόρντα με προεκτάσεις-tensions)

Είναι τα ακόρντα (συγχορδίες) που περιέχουν διαστήματα μεγαλύτερα της 8ης.

Συγχορδίες 9ης (9th chords)

Αν σε μια συγχορδία 7ης προσθέσουμε μια 3η ακόμα πάνω απ' την κορυφή (7η) τότε θα σχηματιστεί ένα διάστημα 9ης απ' τη ρίζα.

π.χ. Ντο-Μι-Σολ-Σι-**Ρε**   9η

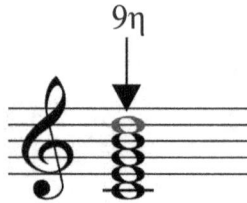

Αυτή θα είναι μια Ντο ματζόρε 9.

Έχουμε   Ντο-Μι   M3
               Ντο-Σολ   P5
               Ντο-Σι   **Maj7**
               Ντο-Ρε   M9

Άρα συμβολίζεται   **Cmaj9**

Η ένδειξη maj αναφέρεται ΠΑΝΤΑ στην 7η

Επίσης:
Ντο-Μιb-Σολ-Σι-**Ρε**   **Cm(maj9)**

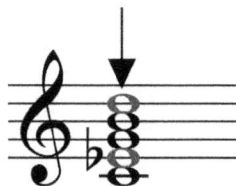

Ντο-Μιb-Σολ-Σιb-**Ρε b**   **Cmb9**

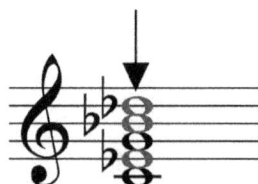

                                            κ.τ.λ....

Άσκηση

Να αναγνωριστούν οι παρακάτω συγχορδίες 9ης

Να γράψετε τα παρακάτω ακόρντα 9ης

| C9 | Fm9 | Dmaj9 | Em (maj9) | Dm b9 | Gm9 |

| Am9 b5 | Bmaj9 | Bb #9 | F#m9 | Bmb9 | Cm (maj9) |

| Faug9 | D9 | Gaug#9 | Eb#9 | D#m b9 | Cm9 b5 |

Συγχορδίες 11ης (11ᵗʰ chords)

Αν σε μια συγχορδία 9ης προσθέσουμε μια τρίτη πάνω απ' την κορυφή σχηματίζεται ένα διάστημα 11ης απ' τη ρίζα.

π.χ.

Ντο-Μι-Σολ-Σι-Ρε-**Φα**   = **Cmaj11**

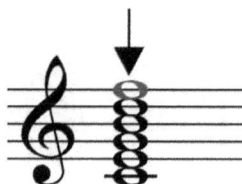

Όπου το "maj" αναφέρεται στη μεγάλη 7η, η 9η είναι μεγάλη οπότε δε χρειάζεται να αναφερθεί κάτι στον συμβολισμό και η 11η καθαρή.

Έστω ότι έχουμε:

Ντο-Μι-Σολ-Σιb-Ρε-**Φα**   = **C11**

Έχουμε 7η μικρή που συμβολίζεται με σκέτο 7 (οπότε δε χρειάζεται να αναφερθεί στο συμβολισμό του ακόρντου).

Έστω τώρα:

Ντο-Μι-Σολ-Σι-Ρε-**Φα#**   =   **Cmaj9#11**

        ή

Ντο-Μιb-Σολ-Σιb-Ρε-**Φα**   =   **Cm11**

κ.τ.λ.

Άσκηση

Να αναγνωριστούν οι παρακάτω συγχορδίες 11ης

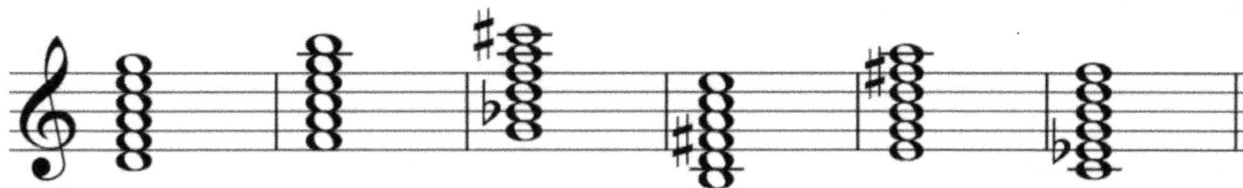

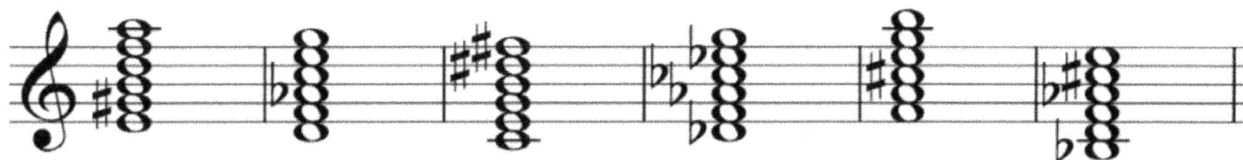

Να γραφούν οι παρακάτω συγχορδίες 11ης

| C11 | Emaj11 | Dm11 | Gm11 | A11(#9) | G11(b9) |

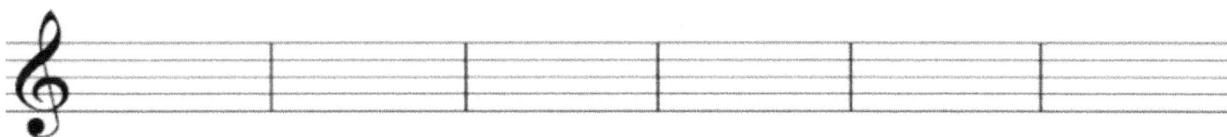

| Bm11(b5) | Dmaj11 | Bb maj#11 | Eb11 | F#m11(b9) | Faug #11 |

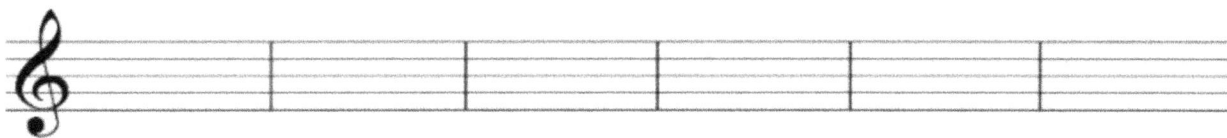

| F#11 | Gb 11(#9) | Ebm11(b9,b5) | C#maj11 | Bmaj9(#11) | Ab11(#9) |

Συγχορδίες 13ης (13th chords)

Αν σε μια συγχορδία 11ης προσθέσουμε μια ακόμα τρίτη πάνω απ' την κορυφή σχηματίζεται ένα διάστημα 13ης απ' τη ρίζα.

Π.χ.

Ντο-Μι-Σολ-Σι-Ρε-Φα-**Λα**　　　=　　　**Cmaj13**　　(maj7, M9, P11, M13)

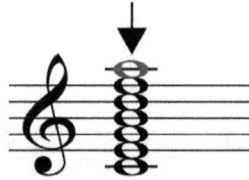

Ντο-Μι-Σολ-Σιb-Ρε-Φα-**Λα**　　　=　　　**C13**　　(7, M9, P11, M13)

Ντο-Μι-Σολ-Σιb-Ρε-Φα-**Λαb**　　　=　　　**C b13**　　(7, M9, P11, m13)

> *Tension στα αγγλικά σημαίνει ένταση. Αυτό φανερώνει ότι οι προεκτάσεις αυτές μας δίνουν μια ηχητική "ένταση" στο ακόρντο η οποία έχει την ανάγκη να "λυθεί" μετά σε μία απ τις βασικές νότες του ακόρντου 1-3-5-7 (chord tones).

Άσκηση

Να αναγνωριστούν οι παρακάτω συγχορδίες 13ης

Να γραφούν οι παρακάτω συγχορδίες 13ης

D13	Fmaj13	Gm b13	Emaj13	Cm(maj13)	A b13(b9)

Dm b13(b5,b9)	Gmaj13(#11)	B13(#9,#11)	Cm13(b5)	Daug13(#11)	Eb13(#9)

F#m 13	C#13	D#m b13	Gb maj13	A#m13(b5)	Bbm b13

ΑΝΑΣΤΡΟΦΕΣ ΣΕ EXTENDED CHORDS

Ισχύει ότι είπαμε παραπάνω για τα triads. Π.χ.

Μι-Σολ-Λα-Ντο   Ρίζα είναι η Λα   άρα Am7/E

*Αν δυσκολευόμαστε με μια πρώτη σκέψη να βρούμε τη ρίζα της συγχορδίας ας ξεκινήσουμε να φέρνουμε "τούμπα" τις κορυφές δοκιμάζοντας βάσεις ώστε να μας δημιουργηθεί η ευθεία κατάσταση (3η και 5η απ τη βάση).

π.χ.

Σολ-Λα-Ντο-Μι-Σι   Βρίσκουμε με τον παραπάνω τρόπο ότι η ρίζα είναι το Λα... Άρα Am9/G

Όπως είναι κατανοητό..

Τα τριαδικά ακόρντα έχουν 2 αναστροφές.

Α' αναστροφή όταν η τρίτη του ακόρντου είναι στο μπάσο.
Β' αναστροφή όταν η πέμπτη του ακόρντου είναι στο μπάσο.

Τα τετράφωνα έχουν τρεις αναστροφές (Γ' είναι όταν η 7η είναι στο μπάσο).

Τα πεντάφωνα τέσσερις κτλ...

Άσκηση

Να αναγνωρίσετε τα παρακάτω ακόρντα και να γράψετε σε ποια αναστροφή βρίσκονται.

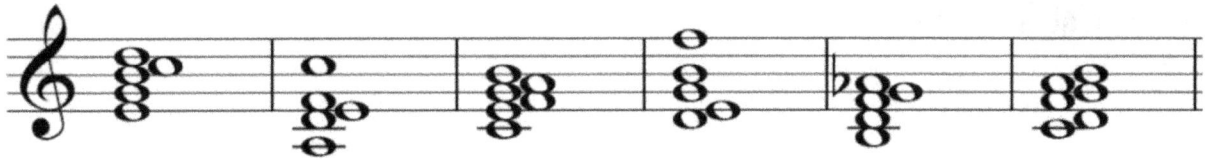

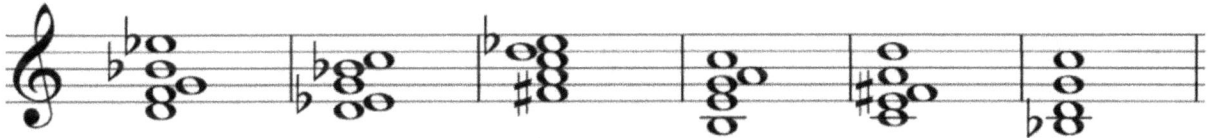

Να γράψετε τα παρακάτω ακόρντα σε ευθεία κατάσταση.

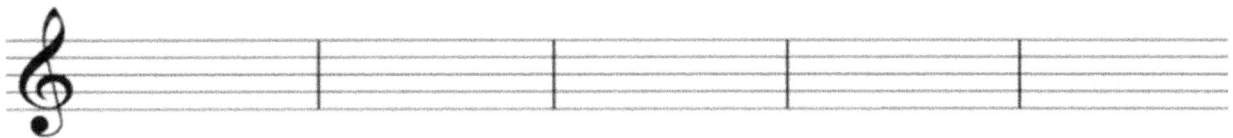

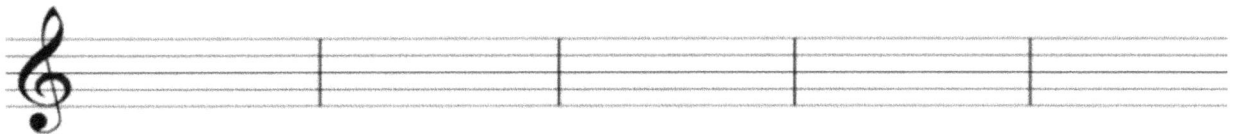

SUSPENDED CHORDS

Suspend σημαίνει "καταργώ" προσωρινά και **αναφέρεται στην 3η του ακόρντου**. Συμβολίζεται με Sus δίπλα απ' το όνομα του ακόρντου μαζί με την νότα που θα **αντικαταστήσει την 3η**.

*Χωρίς ποιότητα (minor-major) προφανώς αφού δεν υπάρχει η 3.

Έχουμε λοιπόν τα sus4 και sus2.

Άρα ένα   Csus4 είναι Ντο-Φα-Σολ

               Csus2 είναι Ντο-Ρε-Σολ

Σημαντικό είναι να θυμόμαστε ότι οι νότες αυτές (2,4,) **αντικαθιστούν** την **3η** και πρέπει να βρίσκονται **μέσα** στην οκτάβα του ακόρντου και **όχι** να παίζουν το ρόλο του 9 και 11 αντίστοιχα.

Τα suspended chords μπορούν να είναι τετράφωνα ή και μεγαλύτερα.

π.χ.   A7sus4   Λα-Ρε-Μι-Σολ

ΑΚΟΡΝΤΑ ΜΕ ΕΠΙΠΡΟΣΘΕΤΕΣ ΝΟΤΕΣ (Added)

Αν θέλουμε να εντάξουμε ένα tension στο ακόρντο μας **χωρίς** να περάσουμε απ' όλα τα προηγούμενα του τότε χρησιμοποιούμε το συμβολισμό **Add.**

Π.χ.   C7add11   Ντο-Μι-Σολ-Σιb-Φα   (χωρίς την 9)

Em7 add b13   Μι-Σολ-Σι-Ρε-Ντο   (χωρίς 9 και 11)

Άσκηση

Να αναγνωρίσετε τα παρακάτω ακόρντα

Να γράψετε τα παρακάτω ακόρντα

Dsus4	Fsus4	Csus2	Esus4	Bbsus2	Asus b2

F#m add9	Gm7 add11	E add9	Bsus4	Eb7 sus4	C# add13

Gsus4 add9	F7 sus2	D#m7 add b13	Csus4 add b13	G#sus b2	Asus4 add13

ΣΥΓΧΟΡΔΙΕΣ 6ης (6ᵗʰ CHORDS)

Οι συγχορδίες 6ης είναι τετράφωνες συγχορδίες minor ή major που περιέχουν μεγάλη 6η. π.χ.

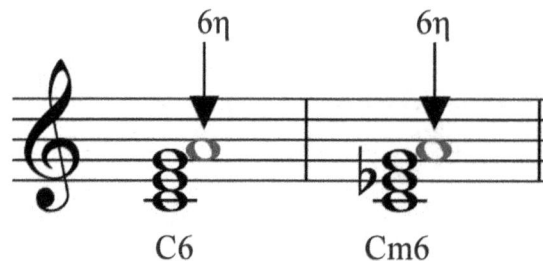

Παρατηρούμε ότι και σε major και σε minor ακόρντα η 6η είναι μεγάλη.
Αν θέλαμε μικρή 6η θα γραφόταν Cm (b6).

Τα ακόρντα 6ης δεν μπορούν να περιέχουν και 7η και το αντίστροφο, γιατί θα είχαμε την διαφωνία : 5-6-7. (τρεις διαδοχικές νότες που ηχούν ταυτόχρονα).

Άρα θα μπορούσαμε να πούμε ότι έχουμε δύο διαφορετικές
επιλογές στις τετράφωνες συγχορδίες.
Τις συγχορδίες 7ης και σαν εναλλακτική επιλογή τις συγχορδίες 6ης.

---

*Παρατηρούμε επίσης ότι π.χ ένα C6 είναι ίδιο με Am7 σε πρώτη αναστροφή.

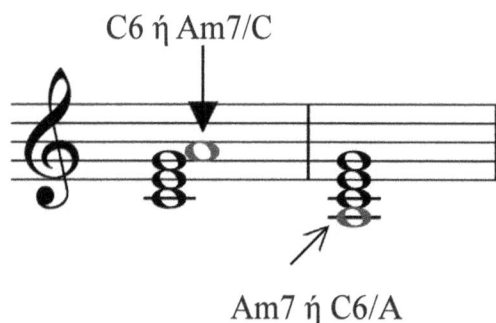

Είναι και τα δύο σωστά. Η επιλογή της γραφής εξαρτάται απ' την υπόλοιπη σύνθεση.
Αν π.χ. το κομμάτι είναι σε C ion η C είναι πρώτη βαθμίδα άρα η παραπάνω συγχορδία θα είναι C6. Αντίθετα αν είναι το κομμάτι σε A aeol-dor κτλ. σαν C6 θα ήταν τρίτη βαθμίδα ενώ σαν Am7/C θα ήταν πρώτη βαθμίδα.
Παρ' όλα αυτά στα 6ης ακόρντα αποφεύγουμε την Γ' αναστροφή (6η στο μπάσο) γιατί δεν έχει νόημα.

DIMINISHED CHORDS

Τα diminished όπως είπαμε και παραπάνω είναι **τετράφωνα** ακόρντα με **μικρή 3η, ελαττωμένη 5η και ελαττωμένη 7η.**

π.χ.

Τα ακόρντα αυτά λόγω της ελαττωμένης 7ης δεν παίρνουν άλλες προεκτάσεις (tensions).

Παρατηρούμε επίσης ότι η κάθε νότα με την επόμενη σχηματίζουν διάστημα 3ης μικρό.

Ντο-Μιb-Σολb- (Σιbb = Λα) οπότε αν θέλουμε να το επεκτείνουμε ξανά γυρνάμε στο Ντο.

Επίσης τα diminished ακόρντα δεν γράφονται σε αναστροφές γιατί δεν έχει κανένα νόημα. π.χ.

> **Για τους *παραπάνω* λόγους οι Diminished συγχορδίες λέμε ότι είναι συμμετρικές.**

Άσκηση

Να αναγνωρίσετε τις παρακάτω συγχορδίες

Άσκηση

Να γράψετε τα παρακάτω ακόρντα.

D13   Em9   Emaj11   Gmb9   F#9   A9

B7sus4   Csus2   Cm7b5   Ebmaj9   Bbdim   Dmb13

C7add#11   Amb9/G   F7aug   F#m9(b5)   A#maj11   Csus2(add b13)

C# maj7   Fm9   Fm(maj11)   Gb 13   D#7 sus4   Bmaj13

ΑΠΛΟΠΟΙΗΣΗ ΣΥΓΧΟΡΔΙΩΝ

Στην πράξη ανάλογα και με το όργανο που παίζουμε ή τις φωνές που τραγουδάνε δε μπορούμε να παίξουμε ολόκληρα επτάφωνα ή εξάφωνα ακόρντα και δε θα ακουστούν και όμορφα, οπότε θα πρέπει να αποφασίσουμε ποια ή ποιες νότες μπορούμε να παραλείψουμε και ποιες όχι έτσι ώστε να μην χαθεί η ποιότητα και η χρήση του ακόρντου ως προς το σύνολο της σύνθεσης.

Έτσι λοιπόν θα δούμε πώς θα απλοποιήσουμε "μεγάλα" ακόρντα σε τετράφωνα ή και τρίφωνα.

Κατά γενικό κανόνα οι "απαραίτητες" νότες μιας συγχορδίας κατά σειρά προτεραιότητας είναι οι εξής:

η 1η   γιατί είναι η ρίζα και δίνει το όνομα στο ακόρντο

το/τα tensions που μας ζητούνται απ' το όνομα του ακόρντου

η 3η   γιατί χαρακτηρίζει την ποιότητα (minor-major)

η 7η

η 9η   (εφόσον δεν αναγράφεται μπορεί να παραληφθεί)

η 11η   (εφόσον δεν αναγράφεται μπορεί να παραληφθεί)

η 5η

---

* η 1η μπορεί να παραληφθεί σχεδόν πάντα σε ψηλότερες συχνότητες (δεξί χέρι στο πιάνο, κιθάρα, φωνές κτλ.) **ΑΝ ΚΑΙ ΜΟΝΟ ΑΝ ηχήσει από κάποια άλλα πιο μπάσα όργανα.**

*Στα sus4 και sus2 ακόρντα συνήθως εμπεριέχουμε την 5η (παίρνει την προτεραιότητα της 3ης στον παραπάνω πίνακα).

* η 13 όπως είναι κατανοητό είναι το τελευταίο tension οπότε αν ζητείται μπαίνει οπωσδήποτε αν όχι φυσικά δεν την βάζουμε.

Ας δούμε κάποιες απλοποιήσεις σε τετράφωνα και τρίφωνα ακόρντα.

Άσκηση

Να γράψετε τις συγχορδίες απλοποιημένες τετράφωνες σε κλειστή θέση.

POLYCHORDS (Πολυ-ακόρντα)

> **Τα polychords όπως λέει και το όνομά τους είναι σύνθετα ακόρντα που αποτελούνται από δύο ή παραπάνω διαφορετικά ακόρντα.**

Ουσιαστικά είναι ένας εύκολος τρόπος να βρίσκουμε γρήγορα "μεγάλα" ακόρντα με πολλά tensions και αλλοιώσεις.

π.χ. ένα C13 μπορούμε να το "σπάσουμε" σε C7 + Dm ή C + Bb Δ

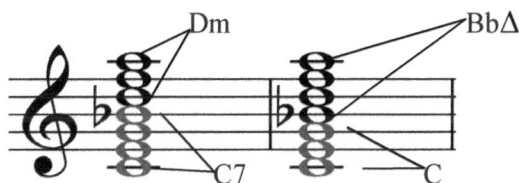

Άρα C13	= C7 + μια minor τριάδα ένα τόνο πάνω
Cmaj 13 (#11)	= Cmaj7 + μια major τριάδα ένα τόνο πάνω
Cm7 (9,b13)	= Cm7 + μια diminished τριάδα ένα τόνο πάνω
Cm7 (b9,b13)	= Cm7 + μια major τριάδα ένα ημιτόνιο πάνω

Τα polychors μας βοηθάνε επίσης να εκτελέσουμε πιο πολύπλοκα ακόρντα.

π.χ. Cmaj7 + minor τριάδα μια τρίτη μικρή πάνω.

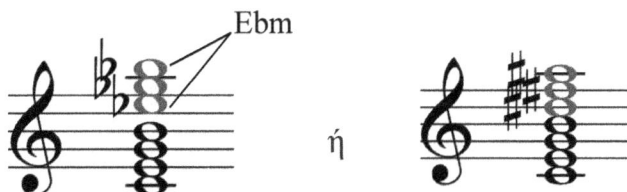

Αν θέλαμε να το συμβολίσουμε σαν ένα ακόρντο θα το βλέπαμε με τον δεύτερο τρόπο ως C maj7(#9,#11,#13).

Επίσης τα "add" ακόρντα μπορούμε να τα σκεπτόμαστε ως:

Cmaj7 + Csus4 = Cmaj7 (add11)
Cmaj7 + Dsus4 = Cmaj9 (add13)

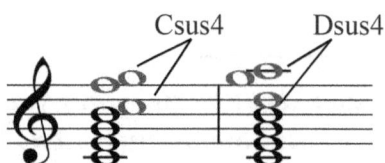

Τα polychords αν και είναι περισσότερο τρόπος σκέψης και όχι γραφής, αν θέλουμε να τα συμβολίσουμε το κάνουμε σαν κλάσμα.

Δηλαδή: Csus4
           Cmaj7

Άσκηση

Να αναγνωρίσετε από ποια ακόρντα αποτελούνται τα παρακάτω polychords.

ΚΛΙΜΑΚΕΣ

Μιλήσαμε παραπάνω για την Ionian κλίμακα την οποία και αναγνωρίζουμε ως **ΒΑΣΙΚΗ major κλίμακα.**

- ➤ Ξεκινώντας απ' την δεύτερη βαθμίδα μιας ionian θα δημιουργηθεί μια κλίμακα φυσική με μορφή Τ-ημ-Τ-Τ-Τ-ημ-Τ. Αυτή η μορφή ονομάζεται **Dorian** (Δωρική).

- ➤ Ξεκινώντας απ' την 3η βαθμίδα σχηματίζεται η φυσική **Phrygian** κλίμακα .

- ➤ Στην 4η βαθμίδα σχηματίζεται η φυσική **Lydian**.

- ➤ Στην 5η βαθμίδα σχηματίζεται η φυσική **Mixolydian**.

- ➤ Στην 6η βαθμίδα σχηματίζεται η φυσική **Aeolian** κλίμακα.

- ➤ Στην 7η βαθμίδα σχηματίζεται η φυσική **Locrian** κλίμακα.

Για να μην αναγκαστούμε λοιπόν να μάθουμε απ' έξω τις μορφές όλων αυτών των κλιμάκων, **θα τις χωρίσουμε ανάλογα με την ποιότητα τους σε μείζονες και ελάσσονες** και θα παρατηρήσουμε τις διάφορες τους απ τις βασικές κλίμακες **Ionian για τις μείζονες** και **Aeolian για τις ελάσσονες.**

Έτσι λοιπόν όπως έχουμε παραδεχτεί αν μια κλίμακα σχηματίζει διάστημα 3Μ απ τη βάση της είναι μείζονα ενώ αν σχηματίζει 3μ είναι ελάσσονα. Οπότε :

Μείζονες είναι οι:	Ionian – Lydian – Mixolydian
Ελάσσονες είναι οι:	Aeolian – Dorian – Phrygian – Locrian

Για να θυμόμαστε τις μορφές τους και τους οπλισμούς τους:

Για τις μείζονες παίρνουμε ως αναφορά την Ionian και αναφέρουμε το διάστημα που διαφέρει απ αυτή . π.χ. Η Lydian είναι σαν την Ionian αλλά έχει αυξημένη τέταρτη από τη βάση. Άρα λέμε Lydian (#4) για να τη θυμόμαστε.

Αντίστοιχα για τις ελάσσονες παίρνουμε ως αναφορά την Aeolian και αναφέρουμε το διάστημα που διαφέρει απ' αυτή . π.χ. Dorian (#6).

Άρα:
Lydian #4
Mixolydian 7 (γιατί όπως έχουμε πει η μικρή $7^η$ συμβολίζεται με σκέτο 7).

Dorian #6
Phrygian b2
Locrian b2 και b5

Κατά αυτόν τον τρόπο δε χρειάζεται να αποστηθίσουμε νέες σειρές διέσεων και υφέσεων για αυτές τις κλίμακες.

*ΙΣΤΟΡΙΚΑ

Οι κλίμακες που μάθαμε παραπάνω πήραν τα ονόματα τους από τα φύλα της αρχαιότητας και τις περιοχές που εγκαταστάθηκαν.

Ίωνες, Δωριείς, Φρύγες, Λυδοί, Αιολείς και Λοκροί.

- **Οι Ίωνες** *ήταν ελληνικό φύλο που κατοικούσε μεταξύ Εύβοιας, Αττικής και Αργολίδας αλλά μετά την κάθοδο των Δωριέων εγκαταστάθηκαν στα παράλια της μικράς Ασίας και ίδρυσαν την Ιωνία.*

- **Οι Δωριείς** *ήταν ελληνικό φύλο, πολεμιστές που κατέβηκαν απ την Πίνδο και εγκαταστάθηκαν Πελοπόννησο όπου ίδρυσαν την Δωρίδα και την Δωρική τετράπολη.*

- **Οι Αιολείς** *ήταν κι αυτοί ελληνικό φύλο που εγκαταστάθηκε στα νησιά Λέσβο, Τενεδο και στα βόρια παράλια της μικράς Ασίας. Ο Αλκαίος και η Σαπφώ ήταν κύριοι εκπρόσωποι της Αιολικής ποίησης και ανάπτυξης της μουσικής*

- **Οι Φρύγες** *ήταν ινδικό φύλο που κατοικούσε στη Φρυγία στην κεντρική Μικρά Ασία.*

- **Οι Λυδοί** *ήταν λυκικό φύλο που κατοικούσε στην Μικρά Ασία*

- **Οι Λοκροί** *ήταν ελληνικό φύλο που κατοικούσε στην κεντρική Ελλάδα στην Λοκρίδα η οποία βρισκόταν στους σημερινούς νομούς Φωκίδας και Αιτωλοακαρνανίας.*

Να γράψετε τις παρακάτω κλίμακες

A ion.

C phr.

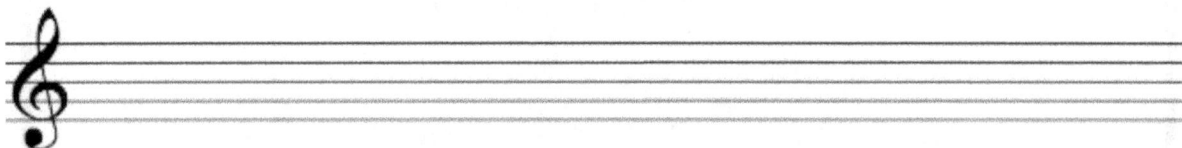

Bb lyd.

E dor.

F mix.

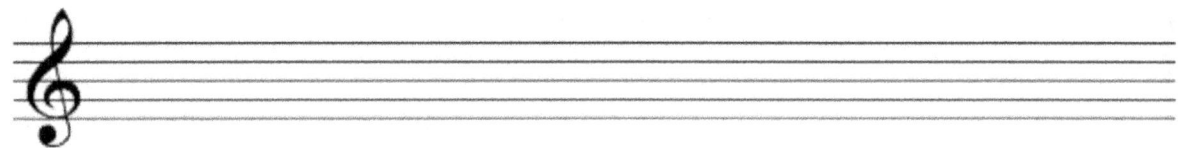

F aeol.

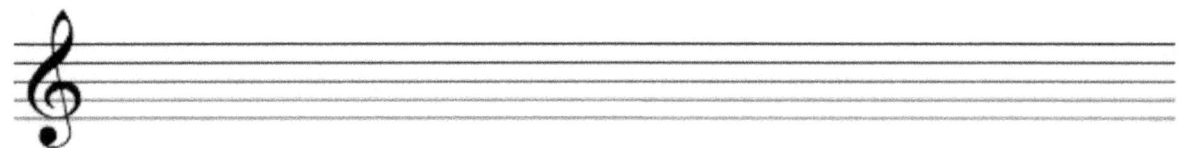

G loc.

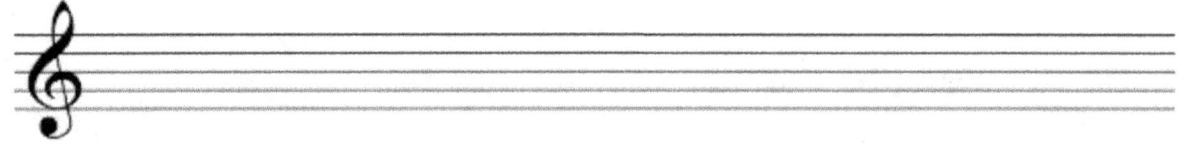

ΑΡΜΟΝΙΚΕΣ ΚΑΙ ΜΕΛΩΔΙΚΕΣ

Οι **Αρμονικές** είναι μια άλλη οικογένεια κλιμάκων με κυρία κλίμακα την **ΠΡΩΤΗ ΑΡΜΟΝΙΚΗ (1 Harmonic ή Harmonic).**

> Η Harmonic είναι **ελάσσονα** κλίμακα (Aeolian) **με μεγάλη 7η.**

Το χαρακτηριστικό αυτών των κλιμάκων είναι το **τριημιτόνιο** που το συναντάμε **μόνο** στην οικογένεια των αρμονικών κλιμάκων.

Στην 1 αρμονική το τριημιτόνιο βρίσκεται μεταξύ $6^{ης}$ και $7^{ης}$ βαθμίδας.
Π.χ. Α(1 harm):

Λα Σι Ντο Ρε Μι Φα Σολ# Λα.   (Φα-Σολ# το τριημιτόνιο)

Για τον οπλισμό αυτών των κλιμάκων βρίσκουμε τον οπλισμό της αντίστοιχης Aeolian και διαμορφώνουμε την M7.

> ⮦ **Αν τώρα ξεκινήσουμε απ' τη δεύτερη βαθμίδα** έχουμε πάλι μια ελάσσονα, ελαττωμένη κλίμακα με M6.

Σι Ντο Ρε Μι Φα Σολ# Λα Σι.

Αυτή ονομάζεται δεύτερη αρμονική (harmonic 2) ή **Locrian #6**

*Η ελάσσονα αυτή κλίμακα έχει b2 και b5 που μας θυμίζει την Locrian με τη διάφορα ότι έχει μεγάλη $6^η$. Έτσι μπορούμε να την θυμόμαστε ως Locrian #6.
Έτσι για τον οπλισμό σκεφτόμαστε της αντίστοιχης Aeolian συν την b2, b5 και τη #6.

⚓ **Στην Τρίτη βαθμίδα** συναντάμε την 3η αρμονική ή **Ionian Augmented**

Ντο-Ρε Μι Φα Σολ# Λα Σι Ντο

Μια ματζόρε κλίμακα με αυξημένη 5η.

* Όπως βλέπουμε εκτός απ' τη #5 όλα τα αλλά διαστήματα και ο οπλισμός της είναι σαν της Ionian. Άρα θα τη θυμόμαστε ως Ionian #5 (Ionian augmented)

⚓ **Στην Τετάρτη βαθμίδα** σχηματίζεται η 4η αρμονική ή **Dorian #4**

Ρε Μι Φα Σολ# Λα Σι Ντο Ρε

Μινόρε κλίμακα με αυξημένη 4η και μεγάλη 6η .

*η μεγάλη 6η στις μιναρέ μας θυμίζει Dorian , άρα μπορούμε να τη θυμόμαστε ως Dorian #4.

⚓ **Στην Πέμπτη βαθμίδα** έχουμε την 5η αρμονική ή **Phrygian Dominant**

Μι Φα Σολ # Λα Σι Ντο Ρε Μι

Ματζόρε κλίμακα με m2 , m6, και m7.

* μπορούμε να τη θυμόμαστε ως Mixolydian b2 b6 ή Phrygian dominant.

⚓ Στην έκτη βαθμίδα *έχουμε την 6η αρμονική ή* **Lydian #2**

Φα Σολ# Λα Σι Ντο Ρε Μι Φα

Ματζόρε κλίμακα με αυξημένη 4η και αυξημένη 2η .

* μπορούμε να τη θυμόμαστε ως Lydian #2

⚓ Στην έβδομη βαθμίδα *έχουμε την 7η αρμονική ή* **Ultra Locrian**.

Σολ# Λα Σι Ντο Ρε Μι Φα Σολ#

Μινόρε κλίμακα με ,ελαττωμένη 2η, ελαττωμένη 4η, ελαττωμένη 5η και ελαττωμένη 7η.

* μπορούμε να τη θυμόμαστε ως Locrian b4 dim7.

Η κλίμακα αυτή ονομάζεται και ultra Locrian ή hyper Locrian.

Να γράψετε τις παρακάτω κλίμακες της οικογένειας των Αρμονικών.

E harm.

A Locrian #6 (2harm)

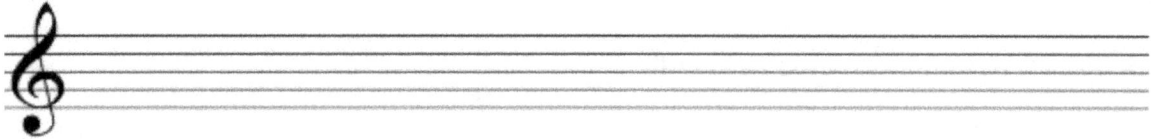

D Ionian augmented (3harm)

C Dorian #4 (4harm)

G Phrygian dominant (5harm)

A Lydian #2 (6harm)

F# Ultra locrian (7harm)

ΜΕΛΩΔΙΚΕΣ

Οι Μελωδικές είναι η **τρίτη** μεγάλη οικογένεια κλιμάκων.

⊿ **Η πρώτη μελωδική** (1Melodic) είναι η κυρία κλίμακα της οικογένειας αυτής και είναι **ελάσσονα** (Aeolian) **με μεγάλη 6η και μεγάλη 7η.**

π.χ. A(1 Melodic)

Λα Σι Ντο Ρε Μι Φα# Σολ# Λα

Άρα σκεπτόμαστε τον οπλισμό της αντίστοιχης Aeolian και διαμορφώνουμε την μεγάλη έκτη και έβδομη.

*Λόγω της μεγάλης 6ης μπορούμε να τη θυμόμαστε και ως Dorian maj7.

⊿ **Στην δεύτερη βαθμίδα** της σχηματίζεται η 2η Μελωδική ή **Dorian b2**.

Σι Ντο Ρε Μι Φα# Σολ# Λα Σι

Μινόρε κλίμακα με μικρή δεύτερη και μεγάλη έκτη.

*μπορούμε να τη θυμόμαστε ως Phrygian Dorian , ή Dorian b2

⊾ **Στην τρίτη βαθμίδα** σχηματίζεται η 3η Μελωδική ή **Lydian Augmented.**

Ντο Ρε Μι Φα# Σολ# Λα Σι Ντο

Ματζόρε αυξημένη κλίμακα με αυξημένη Τετάρτη.

*ονομάζεται και Lydian augmented

⊾ **Στην τέταρτη βαθμίδα** έχουμε την 4η μελωδική **Lydian b7.**

Ρε Μι Φα# Σολ# Λα Σι Ντο Ρε

Ματζόρε κλίμακα με αυξημένη Τετάρτη και μικρή έβδομη.

*ονομάζεται και Lydian Flat Seven (Lydian b7) ή **Lydian Dominant**

⊾ **Στην πέμπτη βαθμίδα** έχουμε την 5η μελωδική ή **Dominant b6.**

Μι Φα# Σολ# Λα Σι Ντο Ρε Μι

Ματζόρε κλίμακα με μικρή έτκη και μικρή έβδομη.

*Μπορούμε να τη θυμόμαστε ως Mixolydian b6 ή Dominant b6

⋏ **Στην έκτη βαθμίδα** έχουμε την 6η μελωδική ή **Aeolian b5**.

Φα# Σολ# Λα Σι Ντο Ρε Μι Φα#

Μινόρε ελαττωμένη κλίμακα.

*Ονομάζεται επίσημα half diminished ή Semilocrian, εμείς μπορούμε να την θυμόμαστε και ως Aeolian b5.

⋏ **Στην έβδομη βαθμίδα** έχουμε την 7η μελωδική ή Superlocrian ή **Altered.**

Σολ# Λα Σι Ντο Ρε Μι Φα# Σολ#

Μινόρε ελαττωμένη κλίμακα με μικρή δευτέρα και ελαττωμένη τέταρτη και πέμπτη.

*Ονομάζεται και Superlocrian ή Altered. Μπορούμε να την θυμόμαστε και ως Locrian b4

*Στην πραγματικότητα η Altered χρησιμοποιείται συνήθως σαν μια dominant κλίμακα που προκύπτει απ τους εναρμόνιους φθόγγους της Superlocrian.

π.χ. Αν το Ντο το "δούμε" σαν Σι# τότε έχουμε Dominant κλίμακα με b2,#2,b4,b5,b6.

Altered στα αγγλικά σημαίνει "αλλοιωμένη" και ονομάζεται έτσι γιατί έχει όλες τις δυνατές αλλοιώσεις.

Να γράψετε τις παρακάτω κλίμακες της οικογένειας των μελωδικών.

B mel.

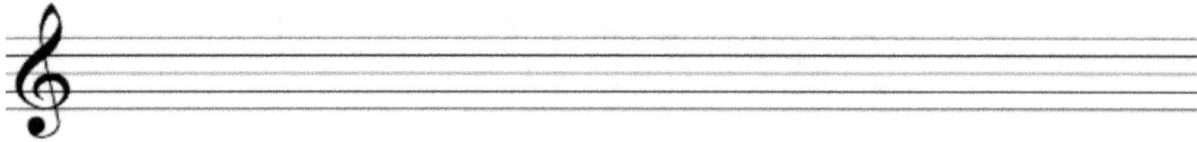

F# Dorian b2 (2mel)

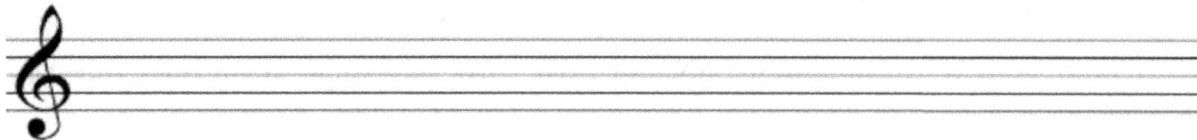

Eb Lydian augmented (3mel)

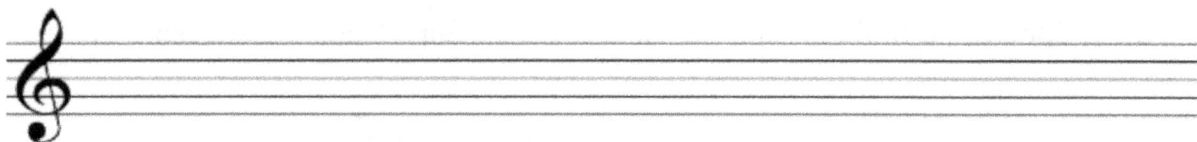

F# Lydian b7 (4mel)

C Dominant b6 (5mel)

B half diminished ή Aeolian b5 (6 mel)

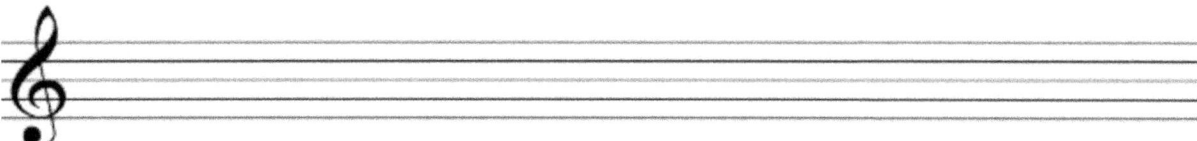

C Altered (7mel)

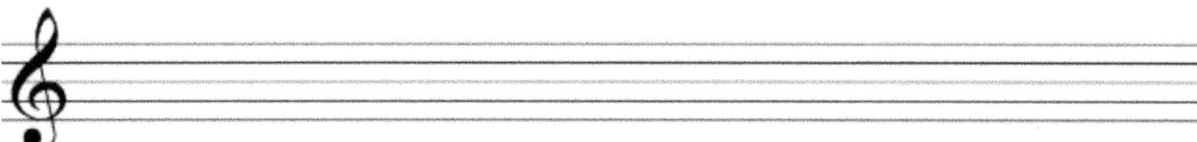

Διαχωρίζοντας όλες τις κλίμακες σε μείζονες και ελάσσονες έχουμε:

Major	Mode	Minor	Mode
Ionian Lydian Mixolydian	1 Ionian 4 Ionian 5 Ionian	Aeolian Locrian Dorian Phrygian	1 Aeolian 2 Aeolian 4 Aeolian 5 Aeolian
Ionian Augmented Mixolydian b2 b6 Lydian #2	3 Harmonic 5 Harmonic 6 Harmonic	Aeolian maj7 Locrian #6 Dorian #4 Ultra Locrian	1 Harmonic 2 Harmonic 4 Harmonic 7 Harmonic
Lydian Augmented Lydian 7 Dominant b6 ή Mixolydian b6	3 Melodic 4 Melodic 5 Melodic	Dorian maj7 Dorian b2 Half diminished Altered ή Superlocrian	1 Melodic 2 Melodic 6 Melodic 7 Melodic

Αν τις διαχωρίσουμε και σε αυξημένες και ελαττωμένες τότε έχουμε:

Major: 7
Minor: 7
Diminished: 5
Augmented: 2

Άσκηση

Να γράψετε τις 7 major κλίμακες με τονική την Ρε

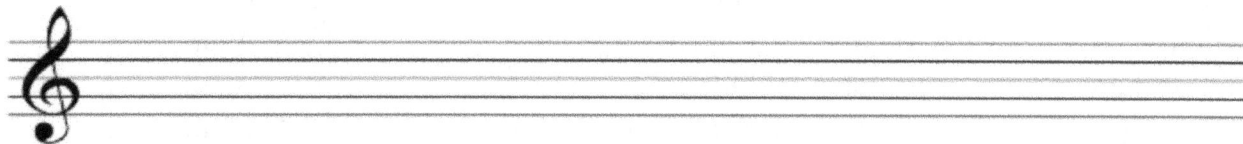

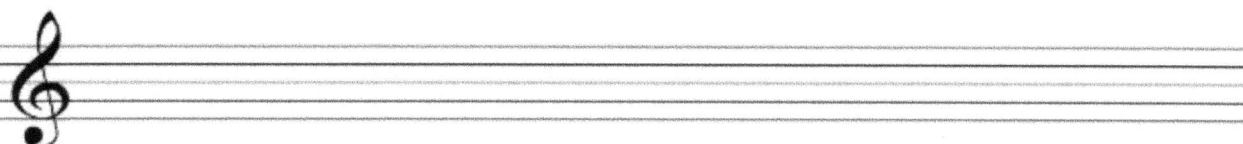

Άσκηση

Να γράψετε τις 7 minor κλίμακες με τονική την Μι

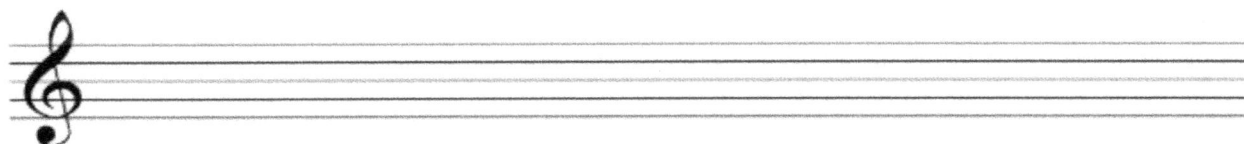

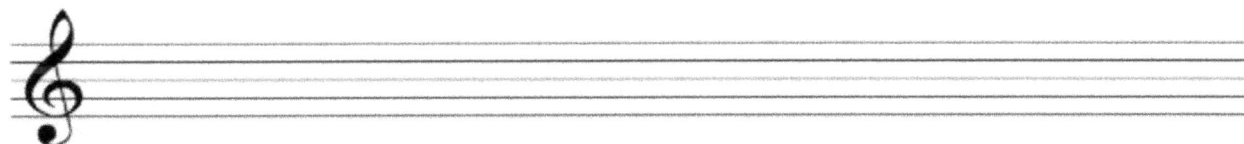

Άσκηση

Να γράψετε τις 5 diminished κλίμακες με τονική την Ντο#

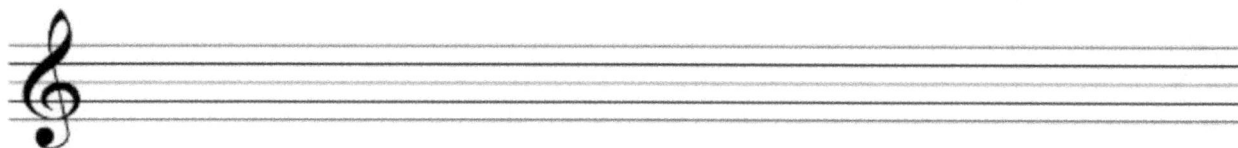

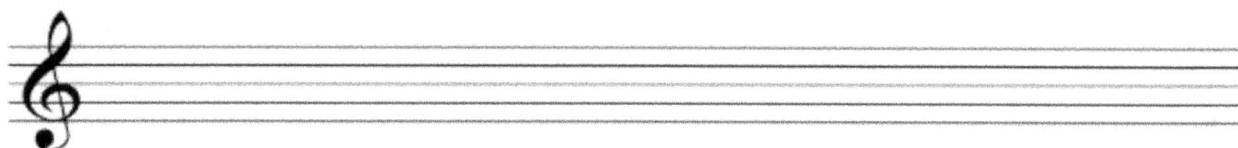

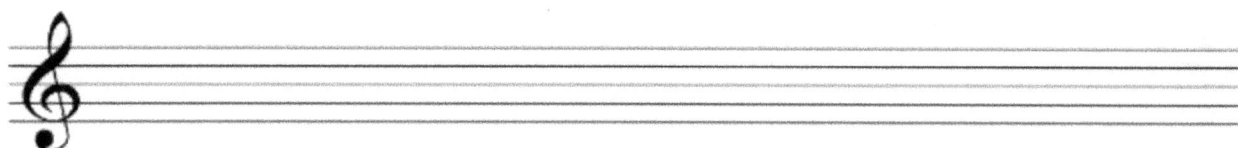

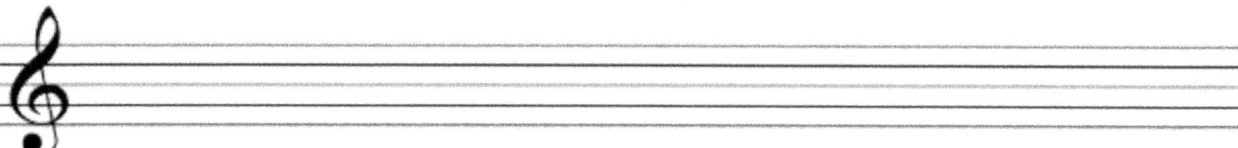

Να γράψετε τις 2 Augmented κλίμακες με τονική την Φα

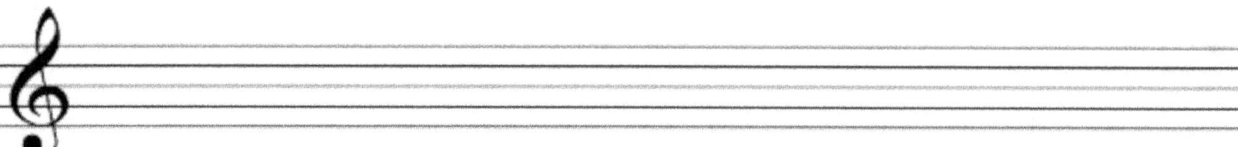

ΣΧΕΣΕΙΣ ΜΕΤΑΞΥ ΚΛΙΜΑΚΩΝ

> **Σχετικές κλίμακες** ονομάζονται αυτές που έχουν τον ίδιο οπλισμό.

Π.χ. Ντο Ionian-Λα Aiolian- Ρε Dorian κ.λ.π. είναι σχετικές μεταξύ τους. Όπως και η Ντο harmonic – Ρε 2harmonic- Μι 3 harmonic κ.λ.π. είναι σχετικές αφού έχουν όλες Μι και Λα υφέσεις.

*Σχετικές κλίμακες μπορεί να είναι μόνο κλίμακες της ίδιας οικογένειας.

> **Εναρμόνιες κλίμακες** ονομάζονται αυτές που έχουν διαφορετικό όνομα αλλά το ίδιο άκουσμα.

Π.χ. Φα# Ionian και Σολb Ionian.

*εναρμόνιες κλίμακες μπορεί να είναι μόνο κλίμακες ίδιας μορφής (Ionian μεταξύ τους, Aeolian μεταξύ τους κλπ.)

> **Ομώνυμες ή παράλληλες κλίμακες** ονομάζονται οι κλίμακες που έχουν ίδια ρίζα – τονική.

Π.χ Ντο Ionian-Ντο Aeolian-Ντο Harmonic-Ντο 5 Melodic κτλ.

Να γράψετε και τις 7 σχετικές των παρακάτω κλιμάκων.

E Ionian

Να γράψετε και τις 7 σχετικές των παρακάτω κλιμάκων.

F Harmonic

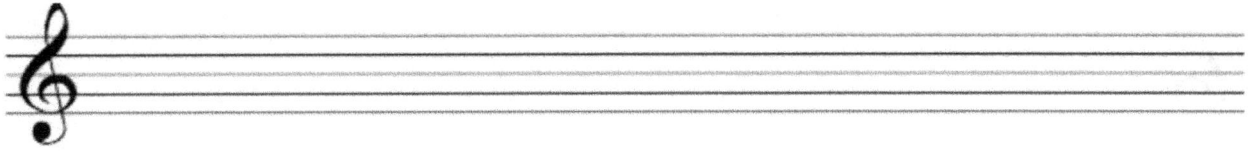

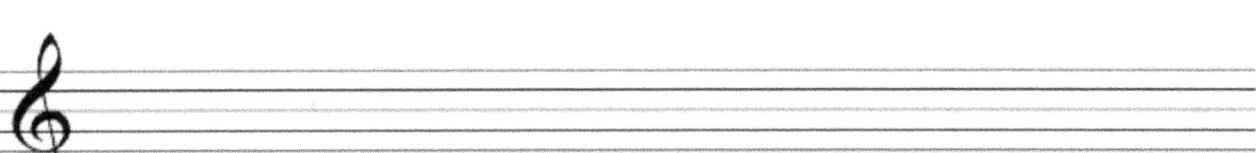

Να γράψετε και τις 7 σχετικές των παρακάτω κλιμάκων.

G Melodic

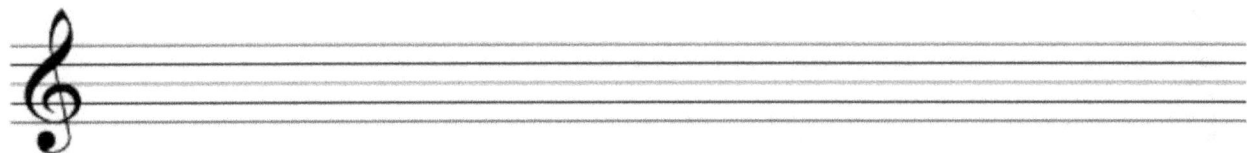

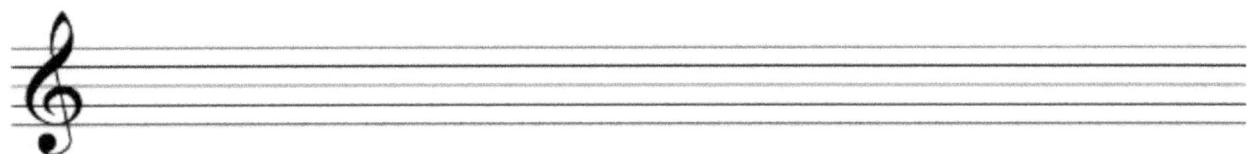

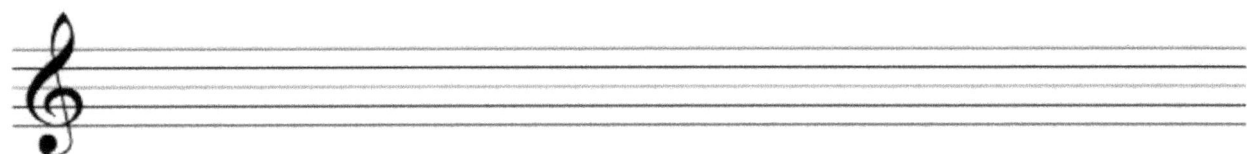

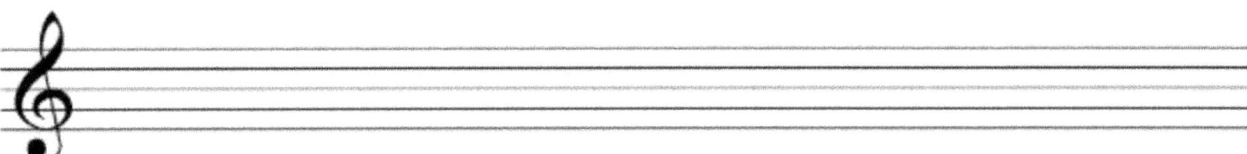

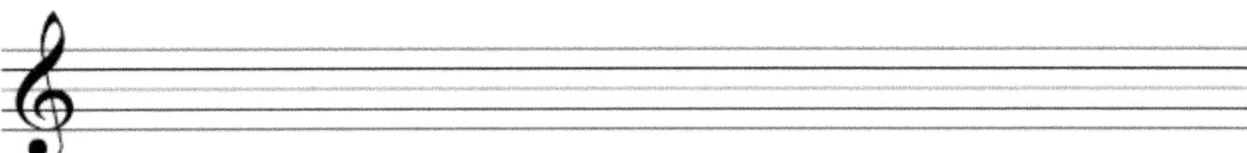

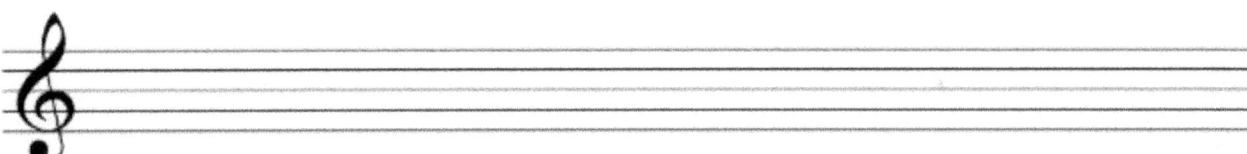

ΠΡΟΕΛΕΥΣΗ ΑΡΜΟΝΙΚΩΝ ΚΑΙ ΜΕΛΩΔΙΚΩΝ ΚΛΙΜΑΚΩΝ

Οι **αρμονικές κλίμακες** λόγω του χαρακτηριστικού **τριημιτονίου** έχουν ένα ανατολίτικο, ερωτικό, παθιασμένο και λάγνο άκουσμα που συνοδεύονταν και απο ανάλογους ερωτικούς χορούς κατά τη διασκέδαση στις ανατολικές χώρες.

Οι μουσικοί στην ευρωπαϊκή Δύση θέλοντας μεν να γράψουν κομμάτια και ύμνους σε **έλασσον άκουσμα** (η Aeolian δεν τους ικανοποιούσε ηχητικά γιατί δεν είχε dominant ακόρντο στην 5η βαθμίδα) αλλά πιο "σεμνό" (**χωρίς τριημιτόνιο**) χρησιμοποίησαν τις αρμονικές και όταν ήθελαν μελωδία τους να περάσει από **6η και 7η** βαθμίδα διαδοχικά, **όξυναν την 6η (για να μην δημιουργηθεί τριημιτόνιο).** Ενώ αντίθετα, όταν η μελωδία **"κατέβαινε" (7η-6η) βαθμίδα χρησιμοποιούσαν Aeolian.**

Έτσι προέκυψαν οι μελωδικές κλίμακες όπου στην κλασική μουσική ακόμα και σήμερα στην κατιούσα μορφή τους μετατρέπονται σε Aeolian.

ΤΑ ΟΝΟΜΑΤΑ ΤΟΥΣ ΠΡΟΚΥΠΤΟΥΝ ΑΠ ΤΗΝ ΧΡΗΣΗ ΤΟΥΣ

Αρμονία στη μουσική σημαίνει: σύνδεση φθόγγων-ήχων με στόχο το "άρτιο" αποτέλεσμα. Με τον όρο αρμονία σήμερα επίσης εννοούμε τη διαδοχή συγχορδιών που εμπλουτίζουν μια σύνθεση και μας δείχνει το τονικό κέντρο του κομματιού.

Μελωδία είναι ένα κομμάτι διαδοχής μουσικών φθόγγων και ήχων, που ενοποιημένοι μας δίνουν ένα ηχητικό αποτέλεσμα.
Σήμερα με τον όρο μελωδία εννοούμε μια μονοφωνική μουσική γραμμή από νότες (και όχι συγχορδίες) όπου είναι χαρακτηριστική για το κομμάτι.

Αντίστοιχα **Εναρμόνιση** είναι ο εμπλουτισμός μιας μελωδίας με συγχορδίες.

Μελοποίηση είναι η σύνθεση μια μελωδικής γραμμής (χωρίς συγχορδίες) συνήθως πάνω από στίχους, ποιήματα ή πεζά κείμενα.

Οι **Αρμονικές** κλίμακες λοιπόν πήραν το όνομά τους απ' την **Αρμονία** γιατί τις **χρησιμοποιούσαν** κατά βάση **για εναρμόνιση**, ενώ οι **Μελωδικές χρησιμοποιούνταν** κατά βάση **για την οριζόντια γραφή (μελωδία)** όπου ήθελαν να αποφύγουν το τριημιτόνιο.

---

*ΜΥΘΟΛΟΓΙΚΑ

Αρμονία

Κατά τον Ησίοδο η Αρμονία ήταν κόρη του Θεού Άρη και της Αφροδίτης και γυναίκα του Κάδμου γενάρχη των Θηβαίων.

Η λέξη Αρμονία προέρχεται απ τη ρίζα "άρ-", η οποία σημαίνει "ταιριάζω, προσαρμόζω κάτι σε κάτι άλλο, τακτοποιώ, βάζω στη σειρά".

Απ' την ίδια ρίζα προέρχονται οι λέξεις:

-αρμός = μέρος που συνδέονται δύο πράγματα, σύνδεση
-αρετή = η ικανότητα να ταιριάζεις, η καταλληλότητα, η κατάλληλη ικανότητα
-άρτιος = ο ταιριαστός, τέλειος

-αρμόζω = ταιριάζω. Από εδώ και η λέξη **Αρμονία** (συναρμολόγηση, σύνδεση, συμφωνία).

Μελωδία = μέλος + ωδή. Μέλος σημαίνει: μέρος απο κάτι, κομμάτι. Ενώ ωδή είναι "το τραγούδι".

Άρα ένα μέρος του τραγουδιού.

ΔΙΑΤΟΝΙΚΕΣ ΣΥΓΧΟΡΔΙΕΣ ΤΩΝ ΚΛΙΜΑΚΩΝ

Διατονικές συγχορδίες μιας κλίμακας ειναι αυτές των οποίων όλων οι νότες είναι διατονικές ως προς την κλίμακα και φτιάχνονται με ρίζα τις νότες της κλίμακας μια για κάθε βαθμίδα.

Π.χ.   Στη Ρε ion.

| Dmaj13 | Em13 | F#m(b9,b13) | Gmaj13(#11) | A13 | Bm b13 | C#m7(b5,b9,b13) |

Για να μην γράφουμε λοιπόν όλα τα ακόρντα 13άρια θα γράφουμε μόνο τα "χαρακτηριστικά" tensions τους όπως και κάναμε και στις κλίμακες.

Έτσι έχουμε:

| Dmaj7 | Em13 | F#mb9 | Gmaj7(#11) | A7 | Bm b13 | C#m7(b9,b5,b13) |

Έτσι λοιπόν μπορούμε να πούμε ότι σε μια ionian κλίμακα:

στην 1η βαθμίδα έχουμε	maj7 ακόρντο
στην 2η	m13
στην 3η	m b9
στην 4η	maj7 #11
στην 5η	7 (dominant)
στην 6η	m b13
στην 7η	m7(b5,b9,b13) ή half dim b9,b13

Αντίστοιχα σε μια Dorian κλίμακα:

στην 1η βαθμίδα έχουμε	m13
στην 2η	m b9
στην 3η	maj7#11
στην 4η	7 (dominant)
στην 5η	m b13
στην 6η	m7(b5,b9,b13)
στην 7η	maj7

Αντίστοιχα σε μια phrygian κ.τ.λ. σε όλες τις σχετικές.

Αντιστρόφως αν θέλουμε να βρούμε μια συγχορδία σε ποιες κλίμακες ανήκει π.χ.

Μια maj7 #11 θα πούμε ότι την βρίσκουμε:

στην 4η βαθμίδα μιας Ionian κλίμακας
στην 3η βαθμίδα μιας Dorian κλίμακας
στην 2η βαθμίδα μιας Phrygian κλίμακας
στην 1η βαθμίδα μιας Lydian κλίμακας
στην 7η βαθμίδα μιας Mixolydian κλίμακας
στην 6η βαθμίδα μιας Aeolian κλίμακας
στην 5η βαθμίδα μιας Locrian κλίμακας

Αντίστοιχα δουλεύουμε και για τις αρμονικές και μελωδικές.
π.χ.

Οι διατονικές συγχορδίες στην Α Harmonic :

| Am(maj7) | Bm13(b5,b9) | C(maj7,#5) ή Caug(maj7) | Dm13(#11) | E7(b9,b13) | Fmaj7(#9,#11) | G#dim (b9,b11,b13) |

Έτσι λοιπόν σε μια Harmonic κλίμακα έχουμε:

1η βαθμίδα   m (maj7)
2η βαθμίδα   m13 (b5,b9)
3η βαθμίδα   maj7 (#5)   ή   aug maj7
4η βαθμίδα   m13 (#11)
5η βαθμίδα   7 (b9,b13)   ή   dominant b9,b13
6η βαθμίδα   maj7 (#9,#11)
7η βαθμίδα   dim (b9,b11,b13)

Αντίστοιχα για τις μελωδικές

π.χ. Α Melodic οι διατονικές συγχορδίες είναι:

| Am(maj7)13 | Bm13(b9) | Cmaj7(#5,#11) | D7(#11) | E7(b13) | F#m7(b5,b13) | G#m7 (b5,b9,b11,b13) |

Έτσι λοιπόν σε μια melodic κλίμακα έχουμε:

1η βαθμίδα	m (maj7)13		
2η βαθμίδα	m13 (b9)		
3η βαθμίδα	maj7 (#5,#11)		
4η βαθμίδα	7 (#11)	ή	dominant #11
5η βαθμίδα	7 (b13)	η	dominant b13
6η βαθμίδα	m7 (b5,b13)		
7η βαθμίδα	m7 (b5,b9,b11,b13) ή		half dim (b9,b11,b13)

* Εναρμόνιες νότες σχηματίζουν διαφορετικές συγχορδίες.
π.χ.

7η βαθμίδα αρμονικής Ultralocrian βασικό ακόρντο diminished ή augmented maj7

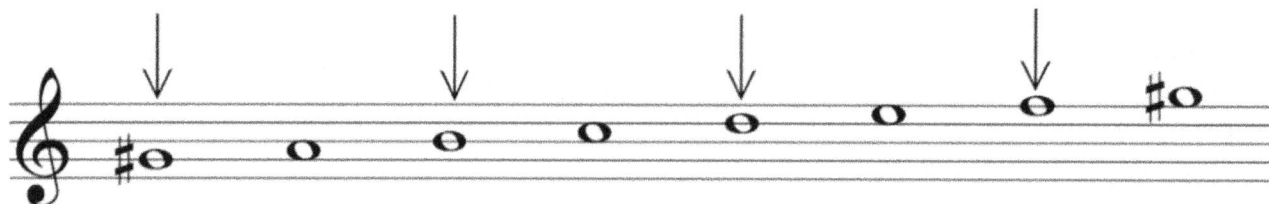

G#dim

Μπορούμε να τη δούμε και ως:

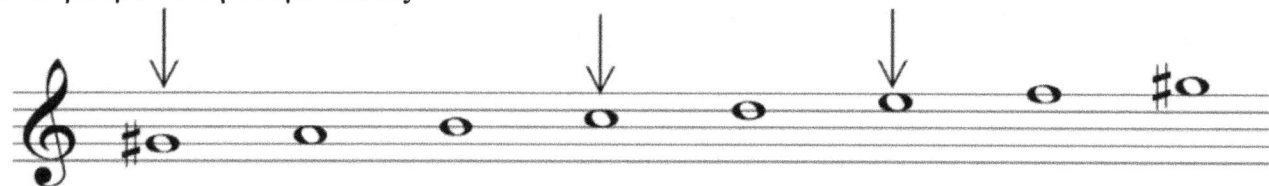

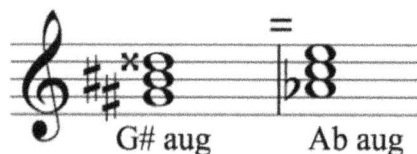

G# aug   Ab aug

Όπως επίσης και την 7η βαθμίδα μελωδικής Altered βασικό ακόρντο half diminished ή major augmented (#5,b9,#9,#11,)-(Altered).

Ένα άλλο παράδειγμα κλίμακας που δημιουργούνται εναρμόνιες συγχορδίες είναι η Lydian #2 (6η αρμονική).

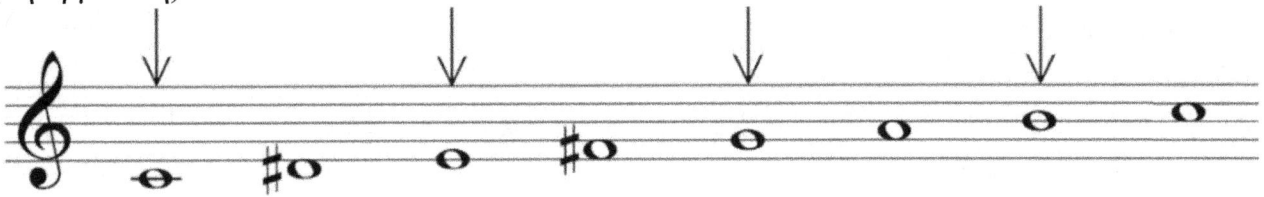

Cmaj7(#9,#11)

Αν δούμε το Ρε# σαν Μιb τότε θα έχουμε:

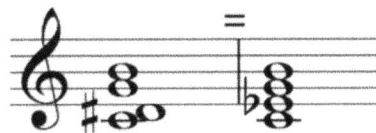

Csus#9(maj7) = Cm(maj7)

Να γράψετε τις διατονικές συγχορδίες των παρακάτω κλιμάκων με τα χαρακτηριστικά tensions τους.

E Ionian

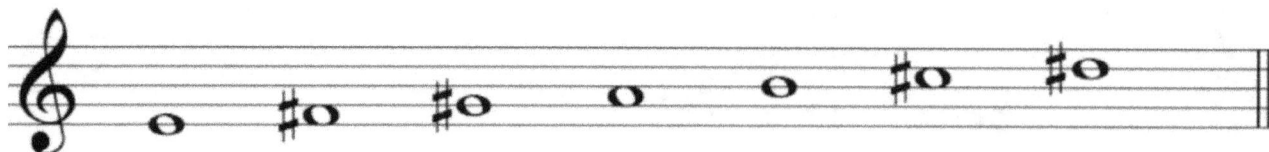

C Dorian

B Harmonic

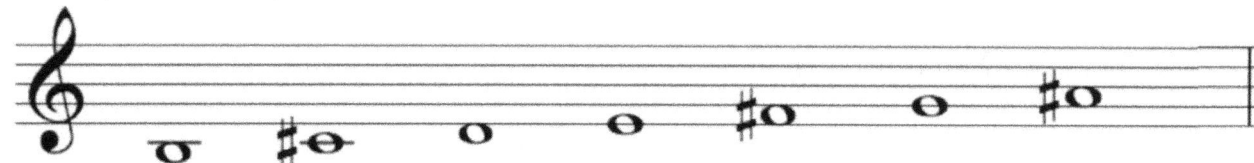

D Melodic

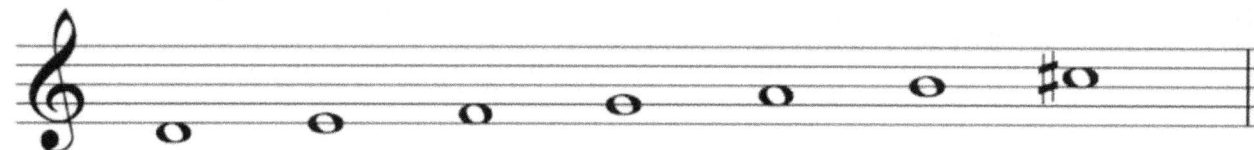

C Lydian b7

B Phrygian Dominant

ΕΥΡΕΣΗ ΔΙΑΣΤΗΜΑΤΩΝ ΣΤΙΣ ΚΛΙΜΑΚΕΣ

Για να βρούμε ένα διάστημα σε ποιες κλίμακες ανήκει αρκεί να σκεφτούμε τον οπλισμό των κύριων κλιμάκων από κάθε οικογένεια (Ionian, harmonic και melodic).

Π.χ. Ένα Ντο-Μι . Θα πρέπει αρχικά να βρούμε τις κλίμακες που έχουν Ντο και Μι φυσικά (χωρίς αλλοίωση) ή τις εναρμόνιες τους Σι# και Φαb.

Άρα:

Από δίεσεις θα πρέπει να έχουν μέχρι Φα# γιατί η επόμενη που μπαίνει είναι η Ντο# την οποία θέλουμε φυσική.

Από υφέσεις μέχρι Σιb γιατί η επόμενη που μπαίνει είναι η Μιb που επίσης την θέλουμε φυσική.

Οπότε το βρίσκουμε στην Ντο Ionian και όλες τις σχετικές της.
(Ρε Dorian, Μι Phrygian, Φα Lydian, Σολ Myxolidian, Λα Aeolian, Σι Locrian).

Στην Σολ Ionian που έχει μόνο Φα# και όλες τις σχετικές της.

Στην Φα Ionian με μια ύφεση τη Σι και όλες τις σχετικές της.

Στη Λα Harmonic που έχει Σολ# και όλες τις σχετικές της.
(Σι Locrian #6, Ντο Ionian aug., Ρε Dorian#4, Μι Mixolydian b2 b6, Φα Lydian #2, Σολ # ultra Locrian).

Στη Μι Harmonic που έχει Φα# και Ρε# και όλες τις σχετικές της.

Στην Ντο# Harmonic με δίεσεις Φα Ντο Σολ Ρε και Σι που είναι η $7^{η}$ (σι# εναρμόνια της Ντο).

Στη Φα Harmonic με υφέσεις Σι Λα Ρε (Η Μι είναι αναίρεση επειδή είναι η $7^{η}$).

Στη Λα Melodic με φα# και Σολ# και όλες τις σχετικές της.

Στη Φα Melodic με υφέσεις Σι Λα

Στη Σολ Melodic με σιb και Φα # (το Μι είναι αναίρεση επειδή είναι μεγάλη $6^{η}$).

Στη Ντο# Melodic με δίεσεις Φα Ντο Σολ Ρε Λα και Σι που είναι η $7^{η}$ (Σι# εναρμόνια της Ντο).

ΕΥΡΕΣΗ ΤΡΙΑΔΙΚΩΝ ΣΥΓΧΟΡΔΙΩΝ ΣΤΙΣ ΚΛΙΜΑΚΕΣ

Έστω ότι έχουμε μια major triad συγχορδία Ντο-Μι-Σολ.

Για να βρούμε σε ποιες κλίμακες ανήκει πρέπει να σκεφθούμε τον οπλισμό των κλιμάκων και να επιλέξουμε αυτές οι οποίες έχουν Ντο-Μι-Σολ φυσικές όπως είναι και στη συγχορδία που ψάχνουμε.

*Θα βρούμε τη συγχορδία σε ποιες κλίμακες των **Βασικών οικογενειών** ανήκουν (Ionian-Harmonic-Melodic) και όχι όλων των σχετικών..

Όπως εργαστήκαμε και παραπάνω για τα διαστήματα βλέπουμε ότι την Ντο-Μι-Σολ τη βρίσκουμε στην Ντο ionian και όλες τις σχετικές της (Ρε dorian, Μι phrygian, Φα mixolydian κ.τ.λ).

Έτσι βρίσκουμε ότι:

Ντο   Ionian
Μι   Harmonic
Φα   Ionian-Harmonic-Melodic
Σολ   Ionian-Melodic

Άρα μπορούμε να πούμε ότι μια **ματζόρε συγχορδία** τη βρίσκουμε σε 7 κλίμακες στην **1-3-4-5** βαθμίδα απ' τη βάση της αρκεί να θυμόμαστε ότι:

Major συγχορδία

1	=>	ion
3	=>	harm
4	=>	ion-harm-mel
5	=>	ion-mel

Με τον ίδιο τρόπο εργαζόμαστε και για minor συγχορδία για να βρούμε σε ποιες κλίμακες των **Βασικών οικογενειών** ανήκουν (Aeolian μιας και μιλάμε για minor συγχορδία-harmonic και melodic). Έστω Ντο-Μιb-Σολ.

Βρίσκουμε λοιπόν ότι:

Ντο	Aeolian-Harmonic-Melodic
Μι	Harmonic
Φα	Aeolian
Σολ	Aeolian-Harmonic
Σιb	Melodic

Άρα μπορούμε να πούμε ότι **μινόρε συγχορδία** τη συναντάμε σε 8 κλίμακες στην **1-b4 (3)-4-5-7** βαθμίδα αρκεί να θυμόμαστε ότι:

Minor συγχορδία		
1	=>	aeol.-harm.-mel.
b4	=>	harm.
4	=>	aeol.
5	=>	aeol.-harm.
7	=>	mel.

Να βρείτε σε ποιες κλίμακες ανήκουν οι παρακάτω συγχορδίες.

	1	3 (b4)	4	5	7
A					
Fm					
Dm					
C#m					
G					
B					
E					
Em					
D					
Bb					
Gm					
Eb					

ΕΥΡΕΣΗ EXTENDED CHORDS ΣΤΙΣ ΚΛΙΜΑΚΕΣ

Για να βρούμε τετράφωνες ή και μεγαλύτερες συγχορδίες στις κλίμακες θα εργαστούμε όπως και παραπάνω. Αν θέλουμε να βρούμε π.χ.:

⤳ **Cmaj7** σύμφωνα με το πινακάκι για τις major συγχορδίες έχουμε :

1	ντο ion	
3	μι harm (#9,#11)	
4	-	όχι γιατί και οι τρεις φα (ion-harm-mel) έχουν σιb
5	σολ ion(#11) /-	όχι στην σολ mel γιατί έχει σιb

Άρα ένα **Cmaj7** το βρίσκουμε σε **τρεις** κλίμακες στις βαθμίδες 1-3-5.

Αν τώρα ψάξουμε για το:

⤳ **Cmaj9** πρέπει να έχουμε ρε φυσικό. Άρα αποκλείουμε την μι αρμονική (#9) και το βρίσκουμε σε **δύο** κλίμακες. Στη Ντο και τη Σολ Ionian.

⤳ **Cmaj11**: πρέπει να έχει και Φα φυσικό οπότε αποκλείεται και η Σολ Ion(#11). Άρα το βρίσκουμε **μόνο στη ντο Ionian.**

⤳ Αντίστοιχα **C7** αφού είναι major ψάχνουμε στις βαθμίδες:

1	-	όχι στη ντο Ion γιατί έχει σι φυσικό
3	-	όχι στη μι harm γιατί έχει σι φυσικό
4	φα ion/harm (b9,b13) /mel (b13)	
5	σολ mel (#11) /-	όχι στην σολ Ion. γιατί έχει σι φυσικό

Άρα ένα **C7** το βρίσκουμε σε **τέσσερις** κλίμακες στις βαθμίδες 4-5.

⤳ **C9** (με ρε φυσικό) θα αποκλείσουμε την Φα harm. (b9,b13) που έχει ρεb.

Άρα το βρίσκουμε σε **τρεις** κλίμακες.

⤳ **C11** (με φα φυσικό) αποκλείουμε και την σολ mel (#11) που έχει Φα#.

Άρα το βρίσκουμε σε **δύο** κλίμακες.

⤳ **C13** (με λα φυσικό) αποκλείουμε και την Φα mel (b13) που έχει Λαb.

Άρα το βρίσκουμε **μόνο** στην **Φα Ionian.**

Με τον ίδιο τρόπο εργαζόμαστε και για minor συγχορδίες. π.χ.

⋏ **Am7**   (θέλουμε σολ φυσικό)

1	λα aeol (b13) /-/-	όχι στις λα mel. και harm. γιατί έχουν σολ#
b4(3)	-	όχι στη C# harm γιατί έχει σολ#
4	ρε aeol (b9,b13)	
5	μι aeol (13) / harm (#11,13)	
7	σολ mel (b9,13)	

Άρα ένα **Am7** το βρίσκουμε σε **πέντε** κλίμακες στις βαθμίδες 1-4-5-7

⋏ **Am9**   (θέλουμε και σι φυσικό)

1	λα aeol (b13)	
b4(3)	-	
4	-	όχι στη ρε aiol. γιατί έχει σιb
5	μι aeol (13) / harm (#11,13)	
7	-	όχι στη σολ mel. γιατί έχει σιb

Άρα ένα **Am9** το βρίσκουμε σε **τρεις** κλίμακες στις βαθμίδες 1-5

⋏ **Am11**   (θέλουμε και ρε φυσικό) οπότε θα αποκλείσουμε την μι harm.

Άρα ένα **Am11** θα το βρούμε σε **δύο** κλίμακες.

⋏ **Amb13**   (θέλουμε και φα φυσικό) οπότε θα αποκλείσουμε την μι aeol.

Άρα ένα **Amb13** θα το βρούμε **μόνο** στη Λα Aeolian.

Με αυτόν τον τρόπο μπορούμε εργαστούμε για όλους τους συνδυασμούς συγχορδιών.

π.χ.

Am13 αντίστοιχα (θέλουμε Φα#) άρα θα αποκλείσουμε την Λα aeol. και θα το βρούμε **μόνο** στην τέταρτη βαθμίδα της **Μι** Aeolian (λα dor.).

Όπως είναι κατανοητό:

**Όσες περισσότερες νότες έχει μια συγχορδία τόσο λιγότερες
θα είναι και κλίμακες που θα την βρούμε.**

ή αλλιώς:

**Όσα περισσότερα tensions έχει μια συγχορδία
τόσο καλύτερα χαρακτηρίζει μια συγκεκρυμένη κλίμακα.**

π.χ.

Έχουμε:

Cmaj13

ρε-φα-λα-ντο-μι-σολ-σι

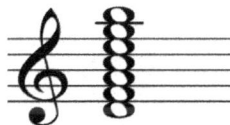

Άρα έχουμε και της επτά νότες της ντο Ionian (και όλων των σχετικών) όποτε δε θα μπορούσε να υπάρχει σε κάποια άλλη κλίμακα.

ΆΡΑ ΤΑ FULL TENSION ΑΚΟΡΝΤΑ ΑΝΗΚΟΥΝ ΣΕ ΜΙΑ ΜΟΝΟ ΚΛΙΜΑΚΑ

MAJOR CHORDS			
Maj13 / Maj13 (aug)			
maj11/maj13		1η βαθμίδα Ionian	
maj13 (#11)		4η βαθμίδα Ionian	Lydian
maj13 (#5)		3η βαθμίδα harmonic	Ionian augmented
*maj13 (#9,#11)		**6η βαθμίδα harmonic**	**Lydian #2**
maj13 (#5,#11)		3η βαθμίδα melodic	Lydian augmented
maj13 (#5,#9,#11)		7η βαθμίδα harmonic	(εναρμόνια ultraLocrian)
Dominant 13 /Dominant 13 (aug)			
13		5η βαθμίδα Ionian	
13 (#11)		4η βαθμίδα melodic	Lydian flat 7
7 (b13)		5η βαθμίδα melodic	Dominant b6
7 (b9,b13)		5η βαθμίδα harmonic	Dominant Phrygian
*13 #5,b9,#9.#11)	**m7 (b5, b9, b11,b13)**	**7η βαθμίδα melodic**	**Altered**
MINOR CHORDS			
Minor maj13			
m (maj13)		1η βαθμίδα melodic	melodic
m (maj7, b13)		1η βαθμίδα harmonic	harmonic
*m (maj13, #11)	**diminished**	**6η βαθμίδα harmonic**	**Lydian #2**
Minor 13			
mb13		1η βαθμίδα Aeolian	Aeolian
m13		4η βαθμίδα Aeolian	Dorian
mb13 (b9)		5η βαθμίδα Aeolian	Phrygian
m13 (b9)		2η βαθμίδα melodic	Dorian b2
*m13 (#11)		**4η βαθμίδα harmonic**	**Dorian #4**
Minor13 (b5)			
*m13 (b5, b9,)	**diminished**	**2η βαθμίδα harmonic**	**Locrian #6**
*m13(b5)	**diminished**	**4η βαθμίδα harmonic**	**Dorian #4**
m7 (b5, b13)		6η βαθμίδα melodic	Aeolian b5
m7 (b5, b9, b13)		2η βαθμίδα Aeolian	Locrian
*m7 (b5, b9, b11,b13)	**13 (#5,b9,#9,#11)**	**7η βαθμίδα melodic**	**Altered**

Άσκηση

Να βρείτε σε ποιες κλίμακες ανοίκουν οι παρακάτω συγχορδίες.

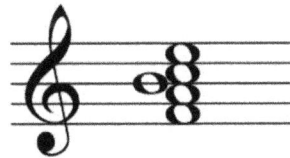

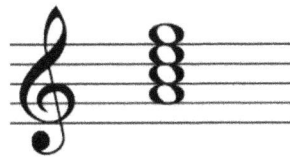

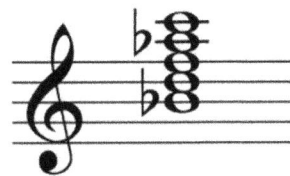

ΑΛΛΕΣ ΚΛΙΜΑΚΕΣ

ΠΕΝΤΑΤΟΝΙΚΕΣ Η ΠΕΝΤΑΦΘΟΓΓΕΣ ΚΛΙΜΑΚΕΣ

Πεντατονικές (pentatonic) κλίμακες ονομάζονται οι κλίμακες που έχουν **πέντε** μόνο **νότες** (έξι με την επανάληψη της τονικής μια οκτάβα πάνω) και **δεν έχουν ημιτόνια**. Οι νότες που παραλείπονται είναι αυτές που θα δημιουργούσαν τα ημιτόνια.

MAJOR pentatonic είναι σαν την Ionian, αλλά χωρίς την 4η και 7η βαθμίδα.

*Τα ημιτόνια θα σχηματίζονταν μεταξύ 3-4 και 7-8. Την 3η δε μπορούμε να την παραλείψουμε γιατί δίνει το major άκουσμα άρα "φεύγει" η 4η. Επίσης όπως είναι προφανές δεν μπορούμε να παραλείψουμε την 8η άρα "φεύγει" η 7η.

π.χ. C pentatonic

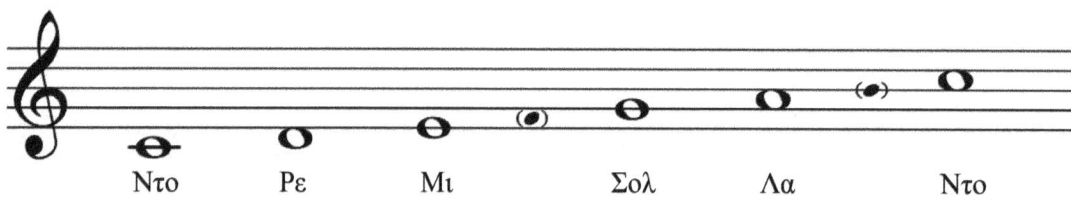

Το χαρακτηριστικό ακόρντο της είναι C6 (add9)

MINOR pentatonic είναι σαν την Aeolian, αλλά χωρίς την 2η και 6η βαθμίδα.

π.χ. A pentatonic

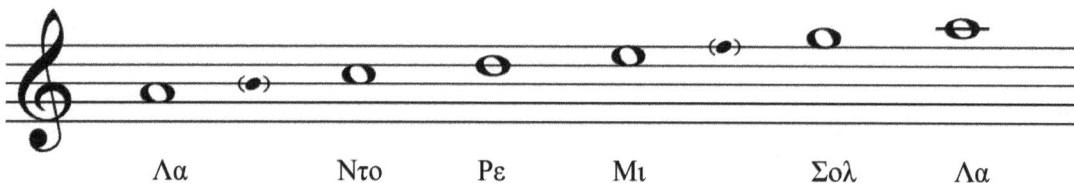

*Παρατηρούμε ότι:

- ⚲ οι δύο κλίμακες είναι **σχετικές** η minor pentatonic σχηματίζεται στην 6η βαθμίδα της major pentatonic.
- ⚲ Και στις δύο κλίμακες παραλείπονται οι ίδιες νότες (φα και σι).

π.χ.

Βλέπουμε ότι απ την Ντο προσθέτοντας την 4η αντί για την 3η περνάμε στην πεντάτονη που βρίσκεται σε αυτήν την 4η βαθμίδα, στη Φα pentatonic δηλαδή (ή στη σχετική της τη ρε min. pentatonic).

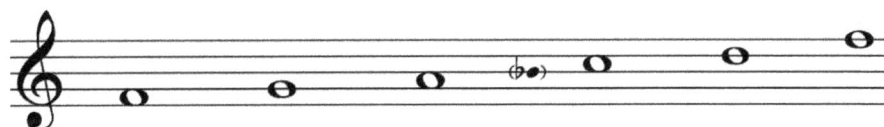

Επίσης αν αντί για την τονική βάλουμε την 7η τότε θα έχουμε την πεντάτονη που βρίσκεται στην 5η βαθμίδα (η τη σχετική της minor).

π.χ.

C maj pentatonic

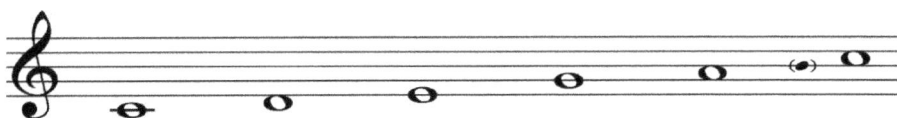

G maj pentatonic

Άσκηση

Να γράψετε τις παρακάτω πεντατονικές κλίμακες

D pentatonic

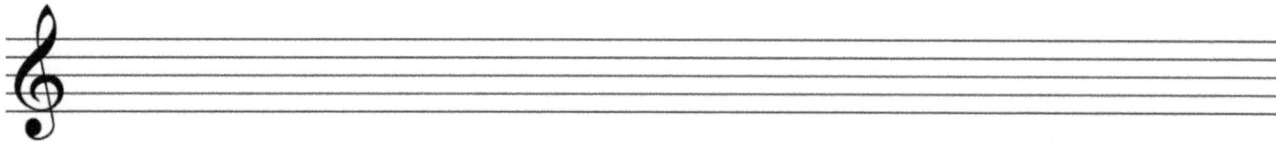

Cm pent.

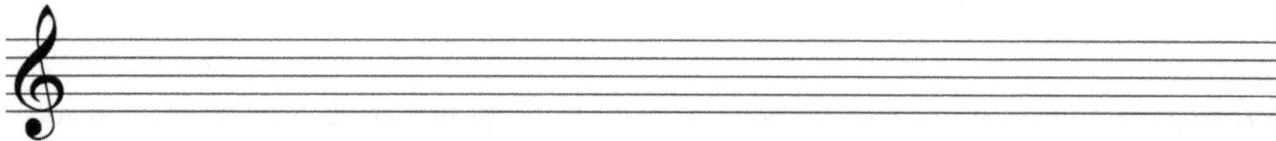

E pent.

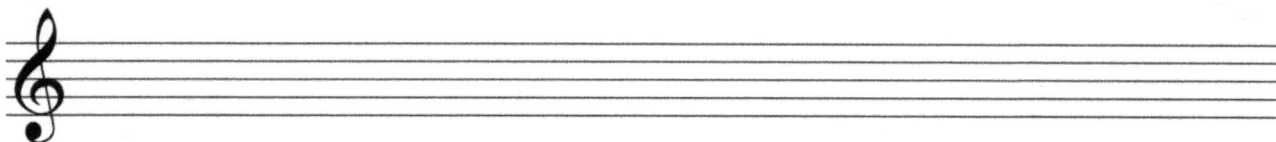

Bm pent.

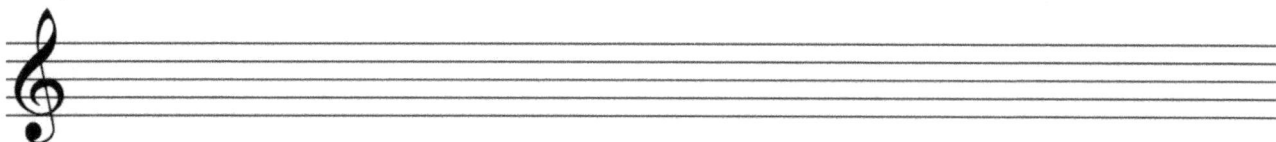

Fm pent.

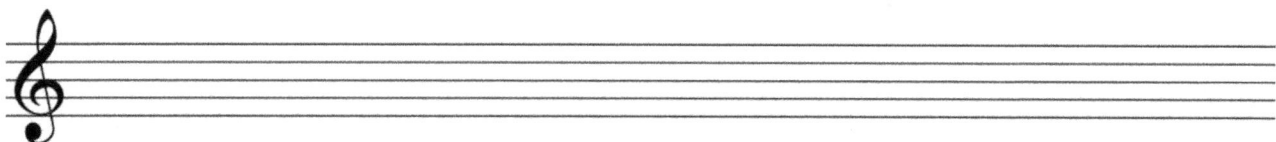

B pent.

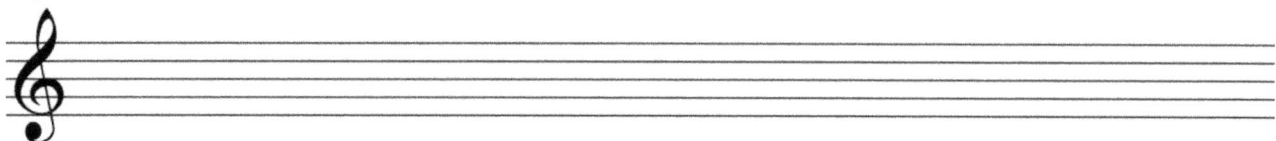

Eb pent.

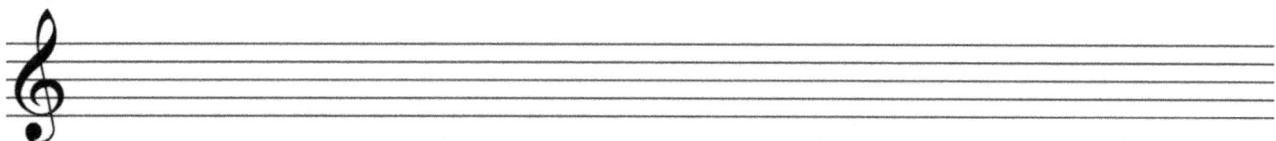

Bbm pent.

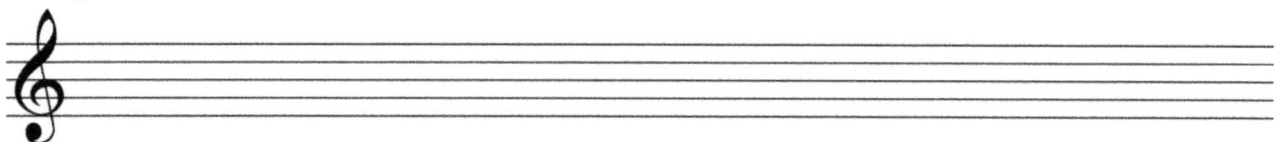

BLUES ΚΛΙΜΑΚΕΣ

Τις blues κλίμακες θα τις συναντήσουμε με διάφορες παραλλαγές. Η κύρια μορφή τους είναι Mixolydian #2, 4, #4 **χωρίς 6η.**

π.χ.

Μπορούμε να τη σκεφθούμε και σαν συνδυασμό των Lydian #2 (6η αρμονική) και Mixolydian.

Άλλες παραλλαγές της blues μπορεί να είναι:

και

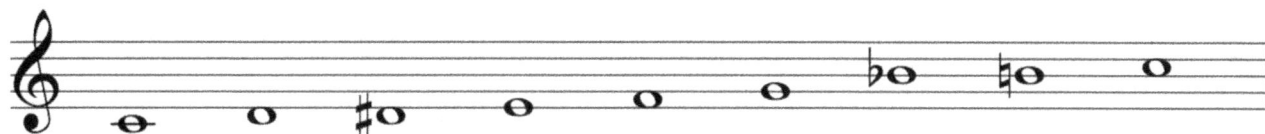

Λόγω των πολλών παραλλαγών τους, ο ευκολότερος τρόπος να τις θυμόμαστε είναι:

Σκεπτόμαστε μια **Mixolydian και προσθέτουμε** τις "**Blue notes**" που είναι **#9, #4, maj7** κατά την προτίμησή μας και ανάλογα με το ύφος του κομματιού που παίζουμε.

Άσκηση

Να γράψετε τις παρακάτω Blues κλίμακες

D Blues

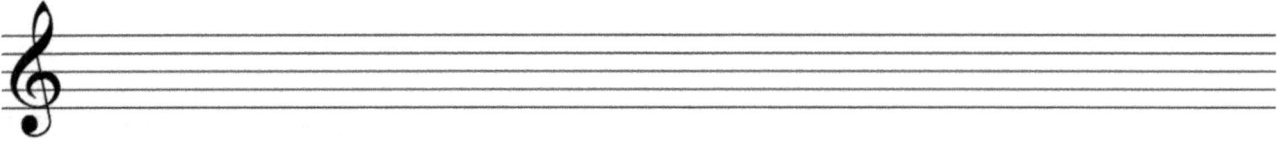

E Blues

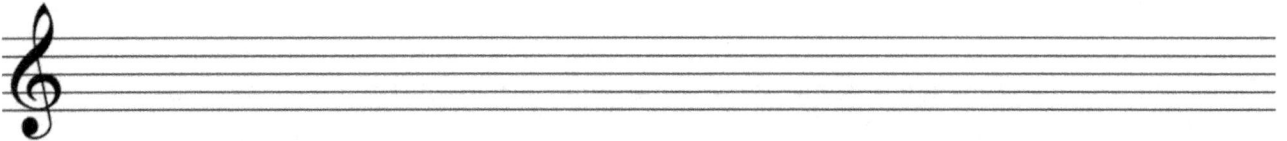

F Blues

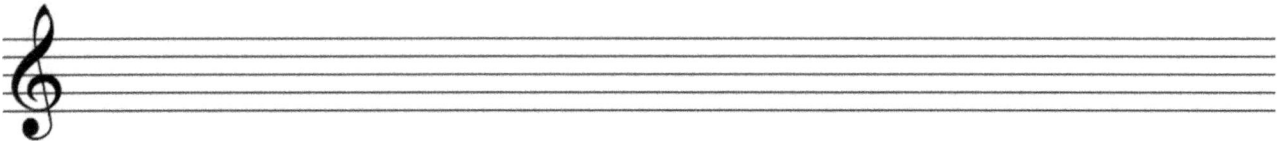

Eb Blues

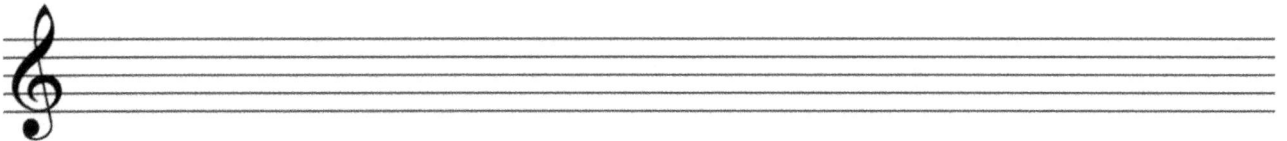

G Blues

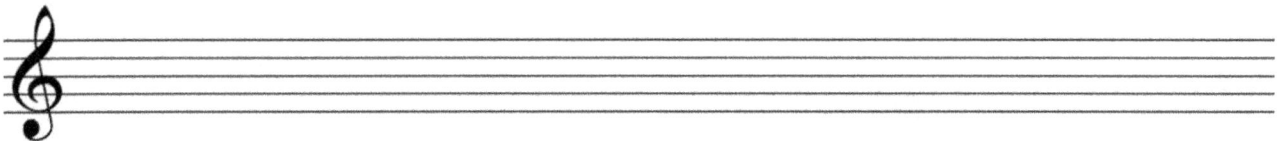

A Blues

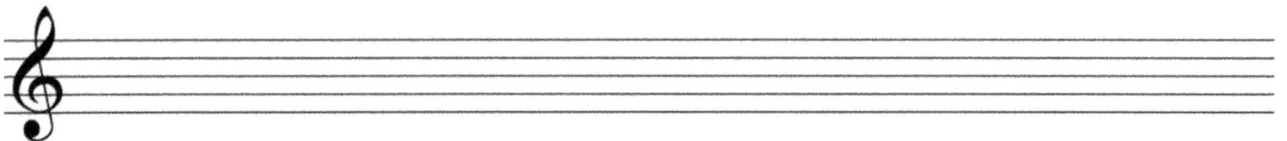

Bb Blues

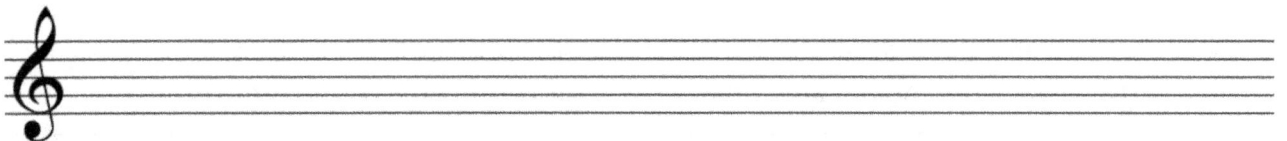

C# Blues

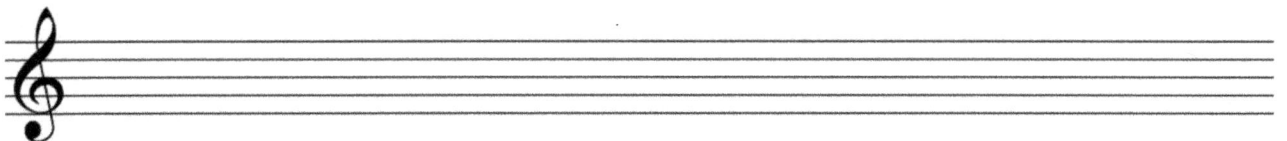

ΣΥΜΜΕΤΡΙΚΕΣ ΚΛΙΜΑΚΕΣ

Συμμετρικές κλίμακες ονομάζονται αυτές που χωρίζουν την οκτάβα σε **ίσα** μέρη.

Έτσι μέσα σε μία οκτάβα που έχουμε 12 νότες (12 ημιτόνια), μπορούμε να την χωρίσουμε σε: 12 ίσα μέρη, σε 6, σε 4, σε 3, σε 2.

Αν την χωρίσουμε σε 12 ίσα μέρη θα έχουμε:

ΧΡΩΜΑΤΙΚΗ ΚΛΙΜΑΚΑ

Με μορφή **12 ημιτόνια.**

Όπως καταλαβαίνουμε η χρωματική κλίμακα δεν έχει ποιότητα minor-major και είναι η **ίδια** απ' όποια νότα και να την ξεκινήσουμε.

Αν χωρίσουμε την 8va. 6 ίσα μέρη θα έχουμε:

WHOLE TONE (ολοτονική)

Με μορφή **6 τόνους.**

C whole tone

Η **Whole tone** είναι μια major εξάφθογγη κλίμακα.

*Θα μπορούσαμε να την σκεφθούμε και σαν **Dominant Lydian Augmented.**
Αν δούμε το #6 σαν b7.

D whole tone

Σε όλες τις βαθμίδες των Whole tone σχηματίζονται augmented ακόρντα.

*Αφού τους 12 φθόγγους τους χωρίσαμε σε 6 ίσα μέρη τότε **μπορούμε να έχουμε μόνο δύο διαφορετικές Whole tone** που η μία θα βρίσκεται ένα ημιτόνιο πάνω ή κάτω από την άλλη.

Η μία θα έχει οπλισμό φα#, σολ#, λα# και η άλλη ρεb και μιb.

Αν τώρα χωρίσουμε την οκτάβα σε 4 ίσα μέρη θα έχουμε:

WHOLE-HALF STEP DIMINISHED

Όπως λέει και το όνομά της θα έχει μορφή **Τ-ημ /Τ-ημ /Τ-ημ /Τ-ημ εναλλάξ.**

C w-h

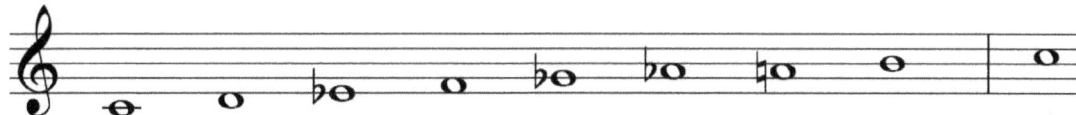

Είναι μια diminished οκτάφθογγη κλίμακα.

---

*θα μπορούσμε να την σκεφθούμε και σαν **melodic (b5,#5)**.

Στην 1η βαθμίδα σχηματίζεται: C dim = C-Eb-Gb-A
           ή   Cm (maj13, b5,) = C- Eb -Gb -B -D -F -A

Στη 2η βαθμίδα σχηματίζεται: D dim = D-F-Ab-B
           ή   D7 (b9, #9, b11) = D -F#(Gb) -A -C -Eb -Gb

Στην 3η βαθμίδα τα ίδια με την 1η
Στην 4η τα ίδια με την 2η κτλ....

---

*Αφού τους 12 φθόγγους τους χωρίσαμε σε 4 ίσα μέρη τότε **μπορούμε να έχουμε μόνο τρεις διαφορετικές Whole-half** που θα βρίσκονται σε τρία διαδοχικά ημιτόνια.

C# w-h

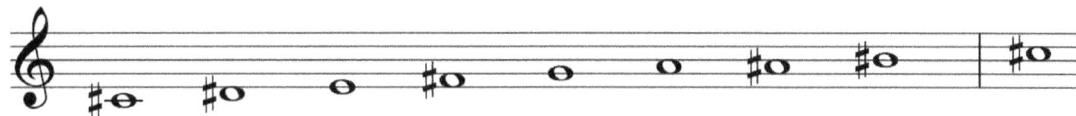

D w-h

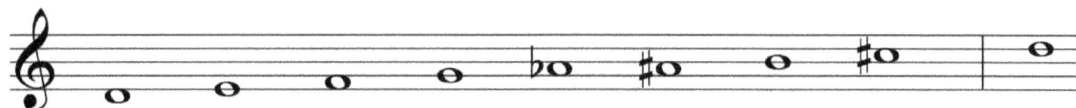

Αν χωρίσουμε την οκτάβα σε 4 ίσα μέρη, μπορούμε να έχουμε και την αντίστροφη μορφή.

HALF-WHOLE STEP DIMINISHED

Με μορφή: **ημ-Τ /ημ-Τ /ημ-Τ /ημ-Τ**

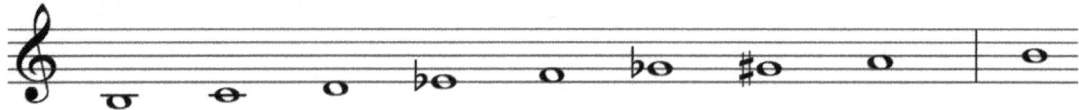

Είναι επίσης μια diminished οκτάφθογγη κλίμακα.

> *Όπως είναι κατανοητό **μια half-whole είναι σχετική** με την
> **whole-half** που βρίσκεται ένα ημιτόνιο πάνω.

π.χ.

B h-w = C w-h

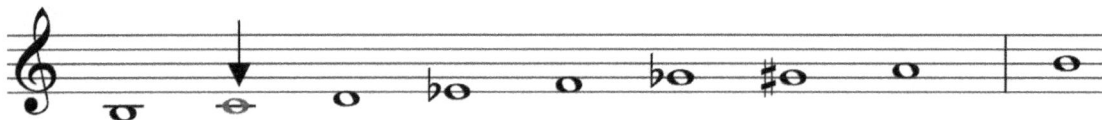

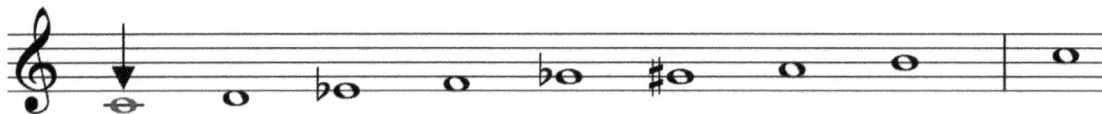

C w-h

Αν τώρα χωρίσουμε την οκτάβα σε 3 ίσα μέρη θα έχουμε:

AUGMENTED

Για να έχουμε 3 ίσα μέρη θα πρέπει να έχουμε μορφή **τριήμ-ημ /τριήμ-ημ /τριήμ-ημ**

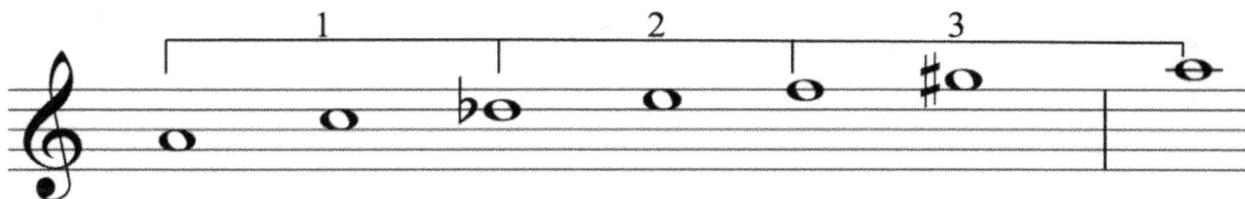

Όπως δηλώνει και το όνομά της είναι μια ματζόρε augmented κλίμακα.

Στην 1η βαθμίδα έχουμε ακόρντο A aug (ρεb=ντο#) και (μι#=φα).

Στην 2η βαθμίδα έχουμε Caug (add b9,b13).

Στην 3η το ίδιο με την πρώτη, στην 4η το ίδιο με τη 2η κτλ.

> *Αφού τους 12 φθόγγους τους χωρίσαμε σε 3 ίσα μέρη τότε **μπορούμε να έχουμε μόνο τέσσερις διαφορετικές Augmented κλίμακες** σε τέσσερα διαδοχικά ημιτόνια.

Bb Augmented

B Augmented

C Augmented

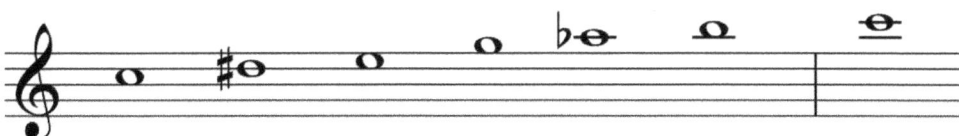

Αν χωρίσουμε την οκτάβα σε 3 ίσα μέρη μπορούμε να έχουμε επίσης:

⚓ **Τ-ημ-ημ /Τ-ημ-ημ /Τ-ημ-ημ**

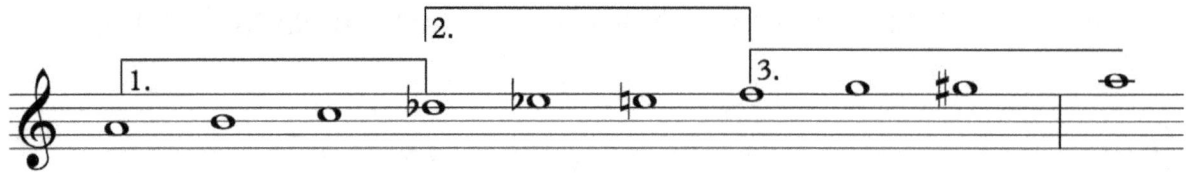

Προκύπτει μια εννιάφθογγη κλίμακα m7(b11) που έχει και b5 και maj 7.

⚓ Μπορούμε να τη χωρίσουμε: **ημ-Τ-ημ / ημ-Τ-ημ /ημ-Τ-ημ**

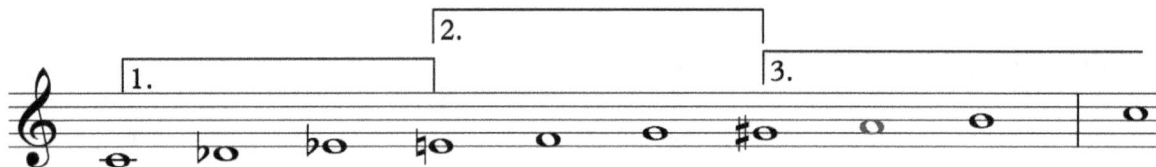

⚓ Επίσης μπορούμε να την χωρίσουμε ως : **ημ-ημ-Τ /ημ-ημ-Τ /ημ-ημ-Τ /**

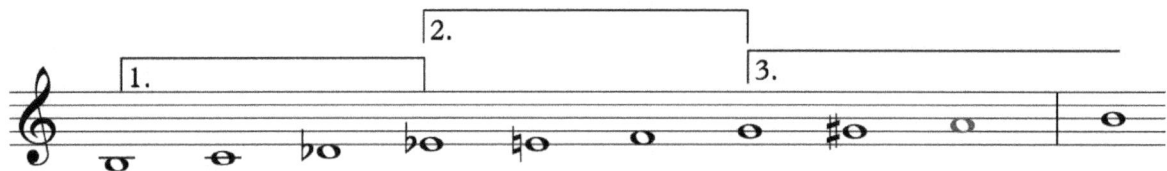

Όπως είναι φυσικό αυτές οι κλίμακες είναι σχετικές με διαφορά ενός τόνου ή ημιτονίου.

Τέλος αν χωρίσουμε την οκτάβα σε 2 ίσα μέρη θα έχουμε:

6 ημ / 6ημ. Με τα οποία μπορούμε να κάνουμε όλους τους συνδυασμούς.

π.χ.

ημ-ημ-ημ-τριημ
ημ-ημ-τριημ-ημ
ημ-τριημ-ημ-ημ
τριημ-ημ-ημ-ημ

Τ-ημ-τριημ
ημ-Τ-τριημ
ημ-τριημ-Τ

Μπορούμε να "σπάσουμε" το τριημιτόνιο σε ένα τόνο και δύο ημιτόνια. Οπότε μπορούμε να κάνουμε πολλούς συνδυασμούς.

Όλες οι παραπάνω κλίμακες (και άλλες που μπορούμε να σχεδιάσουμε με διάφορους τέτοιους συνδυασμούς ημιτονίων) είναι συμμετρικές γιατί όπως είπαμε διαιρούν την 8να σε ίσα μέρη.

Άσκηση

Να κατασκευάσετε τις παρακάτω συμμετρικές κλίμακες

A w-h

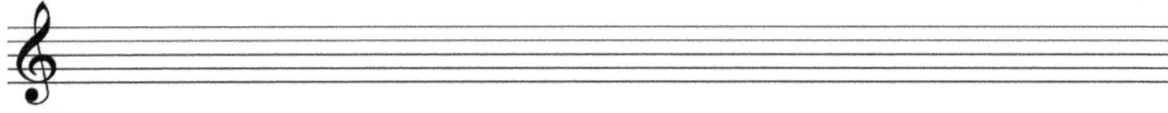

F h-w

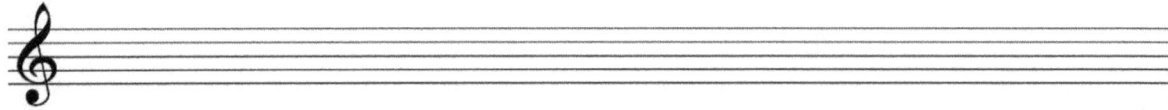

D Augmented

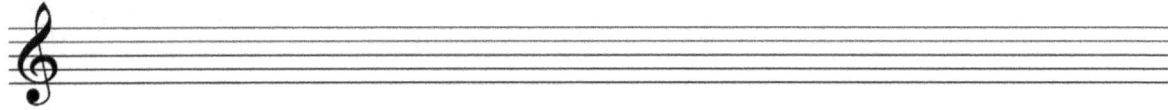

D whole tone

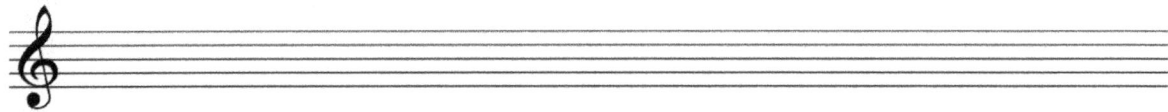

B whole tone

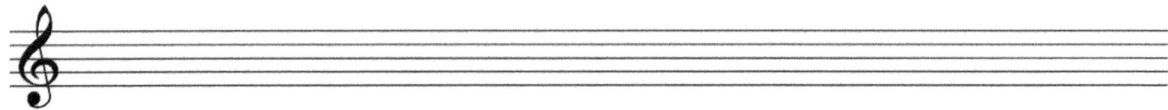

G w-h

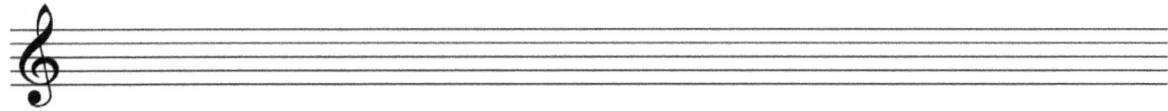

F# w-h

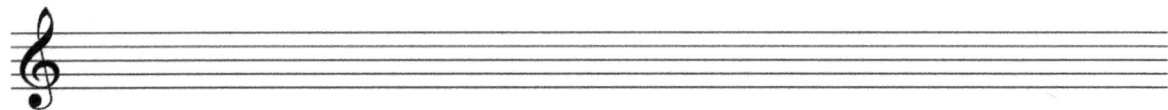

D# h-w

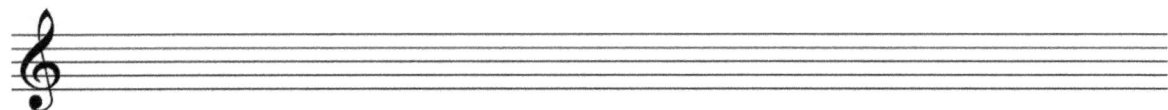

ΑΝΑΓΝΩΣΗ ΜΟΥΣΙΚΟΥ ΚΕΙΜΕΝΟΥ

ΣΥΜΒΟΛΑ ΕΠΑΝΑΛΗΨΗΣ

Τα σύμβολα επανάληψης χρησιμοποιούνται χάριν συντομογραφίας απ' τον συνθέτη ή τον μαέστρο για να καταλάβουμε ότι πρέπει να επαναλάβουμε ένα σημείο της σύνθεσης.

Έχουμε λοιπόν τέσσερα σύμβολα επανάληψης:

‖: :‖　　Επαναληπτικές γραμμές με δύο τελείες = μας δείχνουν ότι πρέπει να επαναλάβουμε μία ακόμα φορά τα μέτρα που περικλείουν.

𝄋　　Σένιο (segno) = τα σένιο τα συναντάμε πάντα ζευγάρι σε ένα κομμάτι. Μόλις συναντήσουμε το δεύτερο σένιο μας "ξαναγυρνάει" για μία φορά στο πρώτο.

*αντί για δεύτερο σένιο μπορεί να συναντίσουμε την ένδειξη " **D.S.**" που σημαίνει: "dal sengio" δηλαδή επανάληψη απ' το σένιο.

§　　Διπλό σένιο = τα συναντάμε και αυτά σε ζευγάρι μέσα σε ένα κομμάτι.
Μόλις συναντήσουμε το δεύτερο σένιο μας "ξαναγυρνάει" για μία φορά στο πρώτο.(Το διπλό σένιο μπαίνει αφού έχει χρησιμοποιηθεί το απλό σένιο σαν ένα παραπάνω βοηθητικό σύμβολο για τον συνθέτη).

π.χ.

Θα διαβάσουμε τα μέτρα ως εξής:
1-2-3-4----3-4-5----2-3-4----3-4-5-6 (ντα κάπο) απ' την αρχή με όλες τις επαναλήψεις.

ΣΥΜΒΟΛΑ ΠΑΡΑΛΕΙΨΗΣ

⊕ Κόντα (Coda) = Η κόντα εμφανίζεται σε ζευγάρι σε ένα κομμάτι. Τα μέτρα που περιέχονται ανάμεσα στις δύο παραλείπονται μετά από μια επανάληψη.(σένιο, ντα κάπο κτλ.). Με άλλα λόγια, μόλις συναντήσουμε την **πρώτη** κόντα **μετά** από επανάληψη "πηδάμε" στην δεύτερη και συνεχίζουμε από εκεί και πέρα.

⌐1.⌐⌐2.⌐ Τελειώματα (endings) = Το μέτρο ή τα μέτρα που έχουν το σύμβολο του **πρώτου τελειώματος** διαβάζονται κατά την **πρώτη εκτέλεση** του κομματιού ενώ **μετά από επανάληψη** (με επαναληπτικές γραμμές) παραλείπονται και **"πηδάμε" στο δεύτερο τελείωμα** και συνεχίζουμε από εκεί και πέρα.

π.χ.

Θα διαβαστεί ως εξής: 1-2-3-4---1-2---5-6

*αφού δεν υπάρχει η πρώτη επαναληπτική γραμμή, προφανώς το θα κάνουμε επανάληψη απ' την αρχή.

Θα διαβαστεί ως εξής:

1-2-3-4-5-6-7-8---7-8 (σένιο) −3-4-5-6-7-8---7-8 (διπλό σένιο)--5-6- (κόντα)--9-10-11-12.

Άσκηση

Να διαβάσετε το μουσικό κείμενο και να γράψετε τα μέτρα με τη σειρά που θα εκτελεστούν όπως στα παραπάνω παραδείγματα.

1)..........

2)..........

Λευτέρης Παπαμαλλής   131

ΣΥΜΒΟΛΑ ΕΝΤΑΣΗΣ ΚΑΙ ΤΑΧΥΤΗΤΑΣ

Τα σύμβολα αυτά προέρχονται από Ιταλικές λέξεις και μας δείχνουν πόσο δυνατά ή σιγά πρέπει να παίξουμε/τραγουδήσουμε κάποια μουσικά μέρη μέσα στο κομμάτι.

ppp	pianisissimo	*πάρα πολύ σιγά*
pp	pianissimo	*πολύ σιγά*
p	piano	*σιγά*
mp	mezzo piano	*μισοσιγανά*
mf	mezzo forte	*μισοδυνατά*
f	forte	*δυνατά*
ff	foritissimo	*πολύ δυνατά*
fff	fortisissimo	*πάρα πολύ δυνατά*
<	Crescendo	*βαθμιαία αύξηση έντασης*
>	Decrescendo	*βαθμιαία ελάττωση έντασης*

rit.	ritenuto	*μικρή επιβράδυνση*
ritard.	ritardanto	*περισσότερη επιβράδυνση*
rall.	ralletando	*μεγάλη επιβράδυνση*
Accel.	Accelerando	*βαθμιαία επιτάχυνση*
a Tempo		*επιστροφή στην προηγούμενη ταχύτητα.*
𝄐	Κορόνα	*Γράφεται πάνω από μία νότα ή παύση και μεγαλώνει τη διάρκειά τους όσο επιθυμεί ο μουσικός ή ο μαέστρος (συνήθως το διπλάσιο).*

*Υπάρχουν κι άλλα σύμβολα που μας υποδεικνύουν πως θα εκτελέσουμε ένα κομμάτι τα οποία αφορούν τεχνικές παιξίματος ενός μουσικού οργάνου και διαφοροποιούνται από όργανο σε όργανο, οπότε θα τα μάθουμε στο μάθημα μουσικού οργάνου και όχι στη θεωρία.